JN418828

경북의 종가문화 15

어질고도 청빈한 마음이 이어진 집, 예천 약포 정탁 종가

경북의 종가문화 15

어질고도 청빈한 마음이 이어진 집,
예천 약포 정탁 종가

기획 | 경상북도 · 경북대학교 영남문화연구원
지은이 | 김낙진
펴낸이 | 오정혜
펴낸곳 | 예문서원

편집 | 유미희
디자인 | 김세연
인쇄 및 제본 | 주) 상지사 P&B

초판 1쇄 | 2013년 1월 14일

주소 | 서울시 성북구 안암동 4가 41-10 건양빌딩 4층
출판등록 | 1993. 1. 7 제6-0130호
전화 | 925-5914 / 팩스 | 929-2285
홈페이지 | http://www.yemoon.com
이메일 | yemoonsw@empas.com

ISBN 978-89-7646-293-0 04980
ISBN 978-89-7646-288-6(전8권)

값 19,000원

경북의 종가문화 15

어질고도 청빈한 마음이 이어진 집,
예천 약포 정탁 종가

김낙진 지음

예문서원

지은이의 말

햇볕 좋은 어느 날 고평 제방에 올랐다. 나는 예천을 처음 방문하던 날 내성천을 보고는 한눈에 반했다. 소월이 금모래 빛이라고 노래한 것이 바로 이런 것이겠구나. 모래사장 사이로 띠처럼 흘러가는 물길은 물고기 비늘처럼 빛났다. 고평 제방은 내성천의 북안에 뻗어 있는 수해방지용 둑이다. 성묘를 핑계로 벼슬을 버리고 고향에 돌아온 약포가 생애 마지막 사업으로 앞장서서 쌓아올린 제방인 이것은 그의 체취를 느낄 수 있는 대표적인 유적이다.

필자가 약포를 처음으로 접한 것은 2007년도이다. 남명 조식을 전문으로 연구하는 경상대학교 남명학연구소가 남명 문도들의 정주학 수용 양상을 연구하면서, 약포 부분을 맡아 달라는 부탁을 했기 때문이다. 그는 임진왜란에서 대공을 세운 정치가이자, 30년 가까이 당대의 학자들과 어깨를 나란히 하고 경연에 출입한 학자였다. 유신儒臣이라는 말이 적합한 이가 그임을 알고 원고를 맡아 공부하게 된 것을 다행으로 여겼다.

그 일이 계기가 되어 이번에 약포를 담당하는 일을 맡게 된 것으로 알고 있다. 인연이 적지 않은 모양이다. 등양학을 함께 공부하는 동료들이 졸고가 있음을 알고 주선하였는데, 필자가 해오던 글쓰기 방식이 아니어서 망설임이 있었으나 이전 글을 쓰고 느꼈던 부족함을 만회할 기회로 여겨 기꺼이 청을 받아들였다.

얼마 후 약포종가를 답사하고 나서 당황하지 않을 수 없었다. 보기만 하여도 가문의 연륜이 느껴지는 유서 깊은 저택도 없었고, 인물의 위대함을 말없이 증언하는 화려한 유물도 부족했다. 우리 선조들 가운데에는 이러저러한 사람들이 있었다는 자부심 높은 목소리도 작았다. 이를 어찌한다, 맥이 빠지는 순간이었다. 예상하지 못한 난관에 부딪친 나는 신중하게 검토한 후에 가부를 결정하지 않았음을 후회하였다.

그러나 사람과 집안을 되돌아보는 일에서 어찌 화려한 외양이나 풍요로운 소유만이 중요할까? 잘 드러나지 않아 눈치채기 어렵더라도 마음을 어떻게 쓰고 살았는지가 그의 삶을 가늠하는 척도가 되어야 하지 않는가? 너무나 도덕 교과서 같은 이 생각은 처음 약포의 논문을 쓰면서부터 절감하였던 터였다. 그래, 약포의 이런 면을 특별히 부각시키자…….

약포가 별다른 특별한 재주가 없던 한미한 가문 출신이라는 말은 『조선왕조실록』의 여기저기에 조롱처럼 실려 있다. 하지만 필자가 파악한 바로는 약포는 군자불기君子不器라는 말에 해당하는 사람이고, 그런 조롱이나 뇌까리는 사람들보다 훨씬 더 인간다움을 지닌 사람이었다. 전쟁과 궁핍으로 무기력하게 죽어 가던 사람들을 구제하고자 편안함을 버렸던 사람이었다. 편협한 시각과 권력 남용으로 인해 원한 맺힌 죽음을 맞아야 했던 이들을 살린 사람이 약포였다. 한 세상을 살아가는 인간들은 참으로 많은 길을 택할 수 있다. 그러나 죽어 가는 생명을 되살려내는 것만큼 유덕한 삶이 있을까?

그러면서 그는 해야 할 일을 하기 위해 자기를 잊었던 사람이다. 아까운 목숨과 소유를 빼앗길까 두려워 이리저리 도망치기에 바쁜 사람들과는 달리 위험한 곳을 자원하면서 고통과 악을 제거하려 한 위인이었다. 공자는 "오직 어진 사람이라야 남을 좋아할 수 있고 남을 미워할 수 있다"(唯仁者能好人, 能惡人)라고 하였다. 어진 마음이 있어야 자기의식이 없고, 자기의식이 없어야 소유의 망집이나 편견에 휘둘리지 않아, 용기 있게 의로움을 발휘할 수 있다는 것이다.

고평 제방은 그런 사람이 앞장서서 쌓아 올린 생명의 성벽이다. 종가의 건축과 제사상의 법도 있음이 전통문화의 연구에서 굉장히 큰 비중을 차지하더라도, 이 생명의 제방이 그 모든 것을 능가한다고 생각한다. 약포의 그런 인품과 그 마음을 잇고자 한 후손들을 우리도 닮아야 하고 이것이 전통문화를 배우는 까닭이다. 이런 생각이 전달되기를 바란다.

이 글을 쓰면서 많은 분들의 업적을 참고하였다. 이들은 필자와는 전공이나 활동 영역이 달라 약포가 아니었다면 쉽사리 알지도 못했을 것이다. 약포 덕분에 큰 가르침을 받았다. 큰 도시의 시지市誌보다도 내용이 풍부하고 체제도 잘 짜인 『예천군지』를 집필하고 만든 분들, 예천군청에 근무하는 틈틈이 『예천이 낳은 조선의 명재상 약포 정탁』을 쓴 박근노 선생, 마지막으로 경북대학교에서 근무하다 고인이 된 설석규 교수 등이 지금 떠오르는 분들이다. 이 외에도 참고할 만한 향토 연구 서적들이 많고 한국고전번역원의 한국고전종합DB의 편리함에 경탄하였다. 책의 편집 방침에 따라 그들의 노고를 일일이 표기하지 못하였음을 미리 밝히고 양해를 구한다.

2012년 8월

김낙진

차례

제1장 입지 조건과 종가 형성 과정

1. 자연 조건

동해안과 평행으로 달리면서 한반도의 등뼈를 형성하는 백두대간은 태백산에서 갑자기 남서로 방향을 틀어 지리산에 이르는 소백산맥을 형성한다. 1,000미터 이상의 높은 봉우리들이 연속하여 분포한 이 산맥은 강원도, 충청도, 전라도로부터 영남을 분리시켜 특유의 자연환경과 인문환경을 만드는 천연의 장벽이다. 북쪽과 서쪽은 소백산맥이, 동쪽은 태백산맥의 여맥이 감싸안고 있는 지역을 우리는 영남이라고 부른다.

소백산의 남녘 또는 이백二白(또는 兩白, 태백산과 소백산)의 남쪽이라고 불리는 이곳은 예로부터 자기가 선택한 진리를 고집하고 몸으로 실천하는 사람들을 많이 배출하였다. 고집스러움은 밖에서 전해지는 이질적인 것들에 제한적인 영향을 받거나 의도적으로 거부한다는 의미를 내포한다. 자연 지리적 환경부터가 그런 인문적 분위기를 조성한다. 이 산맥은 한반도 중부지역으로의 통행을 방해하며, 사이사이에 뚫려 있는 상대적으로 해발고도가 낮은 죽령(689m), 조령(643m) 등의 고갯길만이 제한적인 소통을 허용한다. 소통의 제한은 이질적인 것에 대한 경험을 제한하여 자기 신념을 강화하게 한다. 동맥경화증이 일어나기 전까지 이런 태도는 신념에 부합하는 선명한 인간상을 추구하도록 하니, 영남이 대표적인 유학의 고장이 된 까닭 중 하나는 자연 조건이었다.

이 양백의 남쪽 지역을 대표하는 고장 중의 하나가 약포藥圃 정승, 정탁鄭琢(1526~1605)이 태어나고 자라다가, 후일 관직을 사임하고 낙향하여 노년을 보낸 예천이다. 멀리로는 소백산맥을 등지고 가까이로는 그 산맥에서 뻗어 나온 줄기인 죽령과 조령을 동서에 두고 그 사이에 끼어 있는 고장이다. 동쪽으로는 영주와 안동이, 서쪽으로는 문경과 상주가, 남쪽으로는 의성이, 북쪽으로는 충청도 땅 단양이 연접하여 있는 경상북도에서도 북부에 위치한 지역이다.

소백산맥 아래 산속 분지 마을인 예천군의 북쪽은 300~400미터의 산악이 둘러싸고 있음에 비해, 남쪽은 해발 200미터의 산들이 자리 잡고 있는 북고남저의 지형이다. 산악으로 둘러싸인 예천에서도 우뚝하니 보이는 산은 고도 870미터의 학가산鶴駕山

이다. 행정구역으로는 안동에 속하지만, 보문산普門山(643m)과 함께 예천군의 동부산지를 구성하는 이 산은 풍수지리의 관점에서도 주목된다. 백두산 · 태백산 · 소백산을 거치면서 흘러온 땅기운이 학가산을 거쳐 예천읍으로 흘러들어 온다고 설명된다.

이렇게 들어온 지기地氣가 예천 읍치에 이르러서는 봉황 형국을 형성한다. 진산 덕봉산과 검은 매가 날개를 편 것처럼 보이는 주산 흑응산黑鷹山의 형세가 예천을 비봉의 형국으로 파악하게 한다. 읍의 동쪽에는 봉란鳳卵이라는 이름이 붙은 산도 있다. 이런 형국에 대한 믿음 때문에 예천에는 봉황과 관련된 다양한 지명과 비보裨補가 존재한다. 이에 내포된 미신적 요소를 배제하고 보더라도 동서로 길게 뻗어 있는 산들은 겨울철 북서풍을 막아 주어 포근한 기후를 제공한다.

예천의 아름다움은 물이 있음으로써 더해진다. 태백과 소백의 산맥들이 머금고 있다가 토해 낸 물줄기들이 모여 든 것이 영남의 젖줄인 낙동강이다. 예천에는 태백산과 소백산, 그리고 학가산의 깊은 속살에서 용출하여 골짜기와 골짜기를 타고 흘러온 물줄기의 하나인 내성천이 관류한다. 또한 용문면에서 발원한 한천은 예천 읍치를 관통하면서 남북으로 사행하다가 내성천에 합류한다.

이 물은 풍양면 삼강리에 이르러서는 회룡포의 물도리를 형성하다가 낙동강 상류로 흘러들어 간다. 신라시대의 수주현水酒

縣이라는 호칭, 후대의 예천醴泉이라는 지명과 함께 곳곳에 산재한 주천酒泉, 감천甘泉 등에 관한 설화, 용담소龍潭沼·용두소龍頭沼 등 전설의 동물을 끌어들인 설화는 이 청정한 산악에서 발원함으로써 맑다기보다는 밝다는 표현이 더 적절한 내성천으로 인해 생긴 것들이라고 하겠다.

필자가 무지한 장풍득수를 논하지 않더라도 내성천과 한천이 예천에 생명의 기운을 불어넣음을 어렵지 않게 납득할 수 있다. 북쪽은 높고 남쪽은 낮은 지형인 데다 동서남북으로 가로지르는 물줄기들이 있어 장구한 세월 동안 풍요한 충적평야가 형성되어 왔다. 산이 외부의 눈길을 막아 주고, 물이 흘러 크고 작은 평야가 만들어지는 곳에는 어김없이 사람들이 모여 마을을 이루게 되니, 예천이라는 고장이 만들어졌다.

이곳 예천의 동남단, 그러니까 안동의 풍산에 인접한 고평에 약포의 제사를 모시는 종가가 있다. 한천이라는 작은 냇물과 낮은 구릉으로 인해 예천읍과는 구별되다가 지금은 읍에 통합된 마을이다. 마을 앞으로는 햇빛을 받으면 금빛으로 빛나는 모래사장이 시원하게 발달한 내성천이 흐르고, 그 너머 저 동쪽으로는 학가산이 웅장한 자태를 뽐내며, 동남쪽으로는 다봉산이 가로막아 서 있다.

고평高坪, 높은 들이라는 이름은 내성천의 물길보다 높은, 널찍한 들을 앞에 두었기에 붙여진 이름이다. 이보다는 좀 더 인위

도정서원에서 본 내성천

적이지만 자부심이 넘치는 이름도 있다. 고사평高士坪이 그것이다. 약포가 임진왜란을 수습하고 벼슬에서 물러 나와 살던 마을, 약포처럼 높은 선비가 살던 마을이기에 고사평이라는 것이다. 또한 낮은 산으로 둘러싸여 따뜻하고 비교적 넓은 평야지대이기에 요족한 삶을 살 수 있어 근심하지 않는 마을, 즉 불우곡不憂谷이라고도 불렀다.

고평의 매력은 무엇보다 곱고도 맑은 모래사장 사이로 흐르는 비단 같은 내성천에 있다. 약포가 주도하여 쌓았다는 고평 제

읍호정

방(高坪堤)은 내성천변의 충적 평야에 풍요로움과 함께 안락함을 준다. 이 내성천이 대봉산과 마주치는 강기슭의 빛나는 풍광은 노년의 약포를 사로잡아, 고평에는 망호당望湖堂(또는 望湖齋)을, 그 맞은편 대봉산 기슭에는 읍호정挹湖亭을 짓도록 하였다. 고평의 풍경을 매우 자랑스러워한 약포는 이렇게 노래했다.

고평은 푸른 들,	高坪是綠野
향기 나는 풀 해마다 자라난다.	芳草每年年

또한 긴 다리 걸려 있고, 復有長橋在
밝은 노을이 지는 햇빛에 물든다네. 明霞落照前

봄에는 향기 나는 풀이 푸른 들을 이루고, 春芳成綠野
여름 보리는 풍년을 알린다네. 夏麥報豊年
가을 물가에 기러기 손님으로 찾아오고, 秋渚賓鴻落
겨울 밭둑길에는 눈이 쌓여 앞길을 가린다네. 冬阡雪擁前

그로부터 훨씬 뒷날, 예천군수를 지낸 아버지를 따라왔다가 고평과 읍호정 서쪽에 있는 선몽대仙夢臺를 관상한 다산茶山 정약용丁若鏞은 「선몽대기仙夢臺記」를 써서 이곳 경치를 묘사하였다. 그의 글을 통해 이곳의 풍경을 감상해 보자.

예천에서 동쪽으로 10여 리 가면 한 냇가에 닿는다. 그 시내는 넘실대며 구불구불 이어져 흐르는데, 깊은 곳은 매우 푸르고 낮은 곳은 맑은 파란색이었다. 시냇가는 깨끗한 모래와 흰 돌로 되어 있어, 바람이 흩어지는 노을의 아름다운 모습이 사람의 눈에 비쳐 들어온다. 시냇물을 따라 몇 리쯤 되는 곳에 이르면 높은 절벽이 깎아 세운 듯이 서 있는데, 다시 그 벼랑을 올라가면 한 정자를 볼 수 있다. 그 정자에는 선몽대라는 방榜이 붙어 있다. 선몽대의 좌우에는 우거진 수풀과 긴 대나무가 있는데, 시냇물에 비치는 햇빛과 돌의 색이 숲 그늘에 가리어 보일락 말락 하니 참으로 이색적인 풍경이었다. 대개 태백산 남쪽에서 시내와 산의 경치가 뛰어난 곳은 오로지 내성 · 영천(영주) · 예천이 최고인데, 선몽대는 유독 그 기이한 모양 때문에 여러 군에 이름이 났다.

참고로 말하면, 선몽대는 퇴계 이황(1501~1570)의 족손 이열도李閱道(1538~1591)가 내성천 변에 건립한 정자로, 퇴계와 약포는 물론 학봉鶴峰 김성일金誠一(1538~1593), 서애西厓 류성룡柳成龍(1542~1607) 등이 여기에 시를 남기는 등 유서 깊은 곳이다.

물길과 고갯길이 엮여 있는 예천은 농업시대에도 상업이 발달할 수 있는 조건을 갖추고 있었다. 서쪽에 있는 삼강나루는 영남 사람들이 문경새재로 가기 전에 꼭 거쳐야 할 길목이었다. 낙동강으로 이어지는 그 물길에 큰 강을 오르내리던 선박들이 들어와 물물교환이 이루어졌다. 옛길을 따라 근대적 상업망이 발달한 20세기 전반기, 예천은 제2의 개성으로 불릴 정도로 상업이 발달한다. 경북선을 따라 김천에서 예천으로 물자가 수송되었고, 안동, 청송, 영양, 봉화, 강릉은 예천의 상권에 포함되었다. 그러나 중앙선의 경유지에서 탈락한 후 예천은 중계지 기능이 상실되어 지금까지 경제적 침체가 이어지고 있다.

2. 인문적 조건

현재의 예천군은 20세기 행정구역의 개편을 단행할 때 약간의 지역들이 가감되기는 하였으나, 대체로 옛날의 예천군과 용궁현이 통합된 곳이다. 이 예천은 정약용이 추로鄒魯의 마을, 즉 공자, 맹자의 유학을 숭상하고 공부하는 마을로 칭할 만큼 유학의 전통이 강한 곳이었는데, 이곳의 사족집단과 학맥을 『예천군지』를 중심으로 살펴보자.

예천의 토성土姓에는 셋이 있다. 임씨林氏, 윤씨尹氏, 권씨權氏가 예천을 본관으로 사용하는 성씨들이다. 예천의 향리직을 세습해 온 이족吏族이던 이들의 일부가 고려 중기 이후 수도에 가서 벼슬함으로써 사족士族으로 신분이 격상된다. 용궁현의 토성도

셋이 있는데, 김씨, 박씨, 전씨全氏가 용궁을 본관으로 쓴다. 이들 역시 향리鄕吏에서 사족으로 발신한 가문들이다.

예천의 임춘林椿(1148~1186)은 이 지역 신흥사대부의 선구자이다. 고려 의종 때 활동하면서 우리나라 최초의 가전체 소설인 「국순전麴醇傳」을 쓴 그는 문장으로 이름이 높았다. 39년의 짧은 생을 산 그는 호를 서하西河라고 하였는데, 친구 이인로李仁老(1152~1220)가 편집하고 무신정권 최고 집정자 최우崔瑀(?~1249)가 간행한 그의 문집이 전해 온다.

윤씨 가문의 윤상尹祥(1373~1455)은 조선 초기 아전 출신으로, 태종과 세종 대에 국학의 장을 20여 년이나 맡았을 정도로 뛰어난 학자였다. 조선 건국에 반대하여 이곳에 귀양 와 있던 조용趙庸(?~1424)의 문하에서 공부한 윤상은 학문이 정밀하고 깊었다. 과거에 급제한 후 선산 교수 등 외직을 거쳐 성균관 대사성을 16년간 역임하였고, 예문관 대제학으로 벼슬을 마쳤다. 서거정徐居正(1420~1488)은 『필원잡기筆苑雜記』에서 "윤상이 성균관 대사성이 되었는데, 학문이 매우 정밀하면서도 자세하게 분석하니 국조 이래로 스승이 될 만한 유학자(師儒)로서는 최고였다"라고 평가하였다. 그가 고향에 돌아오자 배우려는 사람들이 운집하였다고 하니, 예천은 학자들을 길러 낼 토양을 일찍부터 갖추고 있었던 셈이다.

이 두 성씨는 고려 중기부터 조선 초기까지 홍성하다가 16세기 이후로 쇠퇴한다. 대신 등장한 것이 권씨이다. 예천의 호장직을 세습하던 흔씨昕氏는 섬暹의 대에 와서 어머니의 성인 권씨로 성을 바꾼다. 권섬의 후손에 대제학을 역임한 권맹손權孟孫(1390~1456)과 김종직의 문인이었던 권오복權五福 5형제가 있었다. 『대동운부군옥』을 쓴 권문해權文海(1534~1591)는 권오상權五常의 후손이자 퇴계의 문인이었다. 이 예천권씨는 함양박씨, 저곡(현재의 제곡)의 안동권씨, 고평의 청주정씨와 더불어 예천의 향토사회를 주도한 가문이었다. 이 외에도 순흥안씨, 안동김씨, 의성김씨, 평산신씨, 거제반씨, 감천문씨, 동래정씨 등이 이 지역을 대표하는 성씨들이다.

금곡의 예천권씨, 함양박씨, 원주변씨, 고평의 거제반씨는 많은 토지를 소유한 재산가들이었고, 이들은 안동과 예안의 명문가와 인척관계를 맺음으로써 사회적 지위를 높이고 부를 지속적으로 축적한다. 이들 가문과의 혼인은 외래 성씨가 예천으로 이주해 온 주요한 원인이었다. 외래 성씨들은 당시의 혼인제도였던 서류부가혼壻留婦家婚에 따라 예천에 많이 들어온다. 이 지역의 자연 지리적 요인도 외래인의 이주를 재촉하였다. 산속의 분지 마을이기에 외세의 영향을 덜 받았고, 곳곳에 비옥한 토지들이 산재하여 요족한 삶을 살 수 있었던 것이다.

인구의 이동이 잦아지자 학문적으로 융성할 수 있는 조건이 두루 갖추어진다. 예천은 퇴계 이황의 근거지인 예안과 가까워 그의 학문적 영향력이 가장 강하게, 그리고 직접적으로 작용한 곳 중의 하나였다. 예안과 안동을 제외하고, 퇴계 문인들이 가장 많이 거주한 곳이 예천이다. 예천에 본래 거주하였던 권문해를 제외하고는 예천의 퇴계 문도들은 혼인을 통해 들어온 사람이거나 또는 그 자손들이다. 안동권씨 외가로 들어온 김팔원金八元(1524~1569, 강릉김씨), 예천권씨에게 장가온 김복일金復一(1541~1591, 의성김씨 김성일의 동생), 안동권씨 외가에서 태어난 이중립李中立(1533~1571, 경주이씨), 퇴계의 조카로 함양박씨가 외가인 이완李完(1512~1596)·이굉李宏(1515~1573, 진성이씨) 등이 당대나 부·조 세대에 안동이나 예안 등지에서 이주해 온 사람들이다. 선몽대를 창건한 이열도는 이굉의 아들이다.

이런 인물들이 많이 거주함으로써, 예천은 예안·안동과 함께 학문과 도덕성을 겸비한 인물들을 많이 배출한 고장으로 꼽히게 된다. 이중환은『택리지』에서 이렇게 기술하였다.

> 예안·안동·순흥·영천(영주)·예천 등 고을은 이백二白(태백산과 소백산)의 남쪽에 위치하였는데, 여기가 신神이 알려 준 복된 지역이다. 태백산 밑은 산이 평평하며 들이 넓어 명랑하고 수려하며 흰 모래와 단단한 토질이어서 기색이 완연히 한양과 같다. 예안은 퇴계 이황의 고향이며, 안동은 서애 류성룡의 고향이다. 고을 사람들이 이 두 분이 살던 곳에 각각 사당을

짓고 제사한다. 이런 까닭으로 서로 가까운 이 다섯 고을에 사대부가 가장 많으며, 모두 퇴계와 서애 문하생의 자손들이다. 의리를 밝히고 도학을 중히 여겨서 비록 외딴 마을 쇠잔한 동리라도 문득 글 읽는 소리가 들리며, 해진 옷을 입고 항아리 창문을 한 집에 살아도 또한 도덕과 성명性命을 말한다.

이 지역을 이황과 류성룡만의 본거지인 것처럼 설명한 것은 지나치게 소략하다고 비평할 수 있으나, 조선 중기 이후 퇴계학파의 본거지가 된 지역이 이곳임을 감안하면 양해하고 넘어갈 수 있는 설명이다.

통계적으로도 이중환의 설명은 증명된다. 조선시대를 통해 예천은 생원 · 진사과 148명, 문과 100명의 합격자와 음사蔭仕 103명, 문사文士 73명을 배출한다. 이 숫자는 안동, 성주, 상주 등 몇 곳을 빼고는 영남에서 수위에 속한다. 용궁현도 상황은 비슷하다. 생원 · 진사 38명, 문과급제 51명이 나오며, 음사는 59명, 문사는 41명이 배출된다. 영남의 현 단위 고을 중에서는 앞자리에 속한다.

3. 예천 입향

1) 서원정씨의 안동 입향

서원정씨의 관향貫鄕은 충청북도 청주의 금마면金馬面 마암리馬岩里이다. 서원은 청주의 옛 이름이니, 서원정씨는 청주정씨라고도 부른다. 서원정씨의 족보에 올라 있는 고려시대의 선조들은 개경과 청주, 그리고 평안도에 거주하거나 활동하였다. 그 서원정씨의 일파가 영남으로 이주하여 이 지역을 대표하는 성씨의 하나로 성장하기 시작한 것은 여선麗鮮교체기였다.

이주 원인에 대해서는 서로 관련은 있지만 조금은 다른 설명들이 있다. 우선 여말의 사도司徒이자 서원백西原伯이던 정오鄭頫

가 죽자 안동에 장사 지내면서 자손들이 비로소 영남 사람들이 되었다는 설명이 있다. 다음으로 정오의 아들 정침鄭琛이 여말선초의 왕조교체를 보고는 절의를 지키기 위해 안동으로 이주함으로써 영남 사람이 되었다는 설명도 있다. 후자는 유교가 가장 중시한 의리義理 실천이라는 도덕적 측면을 강조하고 있으나, 실은 동일한 사실을 조금은 다른 각도에서 바라본 것일 뿐이다.

서원정씨의 일파인 설헌파가 정침이라는 인물 이후로 영남, 그중에서도 안동에 터를 잡았다는 것은 분명하다. 그의 호가 물러나 숨는다는 퇴은退隱인 것만 보아도 그가 관직을 버리고 은거하기를 희망하였음을 짐작할 수 있다. 그런 그가 굳이 안동을 택한 것은 다름 아닌 아버지 정오의 외가이자 할아버지 정책의 처가인 김순金恂(1258~1321)의 집안이 안동에 있었기 때문이다.

이제 널리 알려진 상식이지만 현대 한국인에게 익숙한 가부장제적 가족제도는 조선 중기 이후 정착된 제도이다. 중국의 종법제도를 모델로 한 이 제도가 정착되기 이전까지 일반화되었던 혼인 방식은 서류부가혼, 즉 사위가 아내의 집에 머무르는 제도였다. 가부장제 정착 이후로는 아내가 남편 집에 가서 사는 '시집가는' 일이 당연시되지만, 이전에는 사위가 처가에 가서 사는 '장가가는' 일이 보편적이었다.

이 풍속은 특정 성씨가 한 장소에만 모여 사는 대신 전국 곳곳으로 퍼져 나갈 수 있는 원인이 된다. 아버지가 처가에 사는 만큼 태어난 아이들도 외가에서 자라게 되니, 한국인들이 외가를 좋아하는 습성은 이 제도 속에서 만들어져 유전되어 왔나 보다. 정오를 안동에 장사 지내고 정침이 진외가에 의탁하게 된 것은 부가, 처가, 외가의 3족을 대등하게 보면서 후자들에 의존하는 것을 부끄럽게 여기지 않던 옛 풍습과 무관치 않다.

정책의 처가이자 정오의 외가, 즉 정침의 진외가는 고려 말기의 명장 충렬공忠烈公 김방경金方慶(1212~1300)의 집안이다. 정책의 처조부였던 김방경은 안동김씨로, 삼별초의 난을 진압하고, 여몽 연합군이 왜국을 정벌할 때는 총사령관을 역임한 인물이다. 그의 아들 문영공文英公 김순이 정책의 장인이다. 문과에 급제한 후 부친이 왜국을 정벌하러 나감에 부친의 엄명을 어기고 몰래 승선하여 군공을 세웠던 그는 예서에 능하였는데, 대구 동화사에 있었다는 홍진국사비弘眞國師碑가 그의 필적이라고 한다. 경남 합천에 있는 함벽루涵碧樓를 창건한 합천 지주사知州事 김영돈金永暾은 그의 아들이다.

서원정씨가 이주한 곳은 안동부 서쪽에 있던 회곡촌檜谷村이었다. 『영가지』「회곡촌」 조는 "마을 입구에 남쪽으로 향하여 큰 밭이 있는데 전해 오기를 충렬공의 집터라고 한다. 충렬공은 대대로 여기에 살면서 여러 대에 걸쳐 벼슬했다. 문극공文克公 설헌雪軒 정오鄭頫와 대사간 설곡雪谷 정포鄭誧는 외가이므로 와서 살았다"라고 하였다. 이 글은 자칫 정오와 그의 아우 정포부터 안동에 와서 산 것처럼 오해시킬 소지가 있으나, 여러 기록을 대조해 보면 정침이 이주했다고 보는 것이 옳다.

회곡촌에 정착하였던 정오의 후손들은 안동에서 거주지를 넓혀 간다. 언제부터인지는 분명하지 않지만, 약포의 부친 정이충鄭以忠의 세대에 이르러서는 안동 동부의 가구촌佳丘村에 거주하였다. 그의 형님 정이흥鄭以興이 가구촌에서 후학들을 교육하였다는 사실까지 감안하면, 이미 그의 선대에 가구촌으로의 이주가 이루어졌을 것으로 보아야 한다. 예천에서 출생한 약포는 11세부터 10년을 이곳에서 보낸다.

그래서 그런지 그는 가구촌의 집을 향장鄉莊으로 의식하고 있다. 왜란이 종결된 시점에 이곳을 방문하고는 「가구촌 고향집에 갔다가 떠오른 시」(佳丘鄉莊卽事)를 짓는다.

왜적이 난을 일으킨 지 7년이 넘으니,
바람 불고 먼지 날리는 길에 오래토록 나그네였다네.
백발이 되어 비로소 돌아왔는데,
청산은 오히려 옛날 그대로구나.
倭亂踰七年　風塵久作客
白髮始歸來　青山猶舊色

약포에게 가구촌은 옛날에 보았던 모습을 그대로 간직한 곳이었다. 그의 소년시절의 추억이 배어 있음은 물론 아버지의 고향이자 선조들의 흔적이 남아 있던 곳이었다.

2) 예천 입향

가구촌 사람이던 약포의 아버지가 예천으로 입향入鄕하게 된 것은 금당곡金堂谷 삼구동三九洞에 살던 평산한씨平山韓氏 한종걸韓終傑의 딸에게 장가갔기 때문이다. 이로부터 서원정씨가 예천에 세거할 기틀이 놓인다. 약포는 금당곡의 의가에서 출생하여 이곳에서 10세까지 성장한다. 그가 만년에 고평에 정착한 이후에도 그에게 금당곡은 외조부모의 은혜가 느껴지는 고향 중의 하나였다.

현재 예천군 용문면에 속한 이곳은 예로부터 금당실金堂室 또는 금곡金谷으로도 불렸다. 풍수가인 남사고가 "금당곡과 인접한 맛질을 합하여 하나로 보면 서울과 흡사하나 큰 냇물이 없음이 아쉽다"라고 말하였다 하는데, 이로부터 '금당 맛질 반 서울'이라는 말이 생겼다고 한다. 『정감록鄭鑑錄』에서는 병마兵馬가 들지 못하는 조선의 십대 길지(十勝之地)의 하나로 꼽고는 "예천의 금당동 북쪽이니 이 땅은 비록 지세가 깊지 못하여 밖으로 드러나 있으나 전쟁의 영향이 미치지 않아 여러 대에 걸쳐 편안함을 누릴 것이다"라고 하였다.

금당곡의 북쪽으로는 소백산맥의 높은 봉우리들이 병풍처럼 펼쳐져 있어 외부로부터의 눈길을 차단한다. 마을 앞쪽으로도 크고 작은 산들이 치맛주름처럼 겹겹이 펼쳐져 예천읍 방향으로부터도 주의하지 않으면 쉽게 찾아지지 않는 지세를 지니고 있다. 예천은 전체적으로 하나의 분지인데, 금당곡은 그 분지 안의 독립된 분지이다. 이에 더해 한천이 흐르면서 산간지대 사이에 넓은 평야를 조성하여 평상시에는 풍요한 생활을 누릴 수 있다. 약포와 같은 시기에 활동하면서 한국 최초의 백과사전인 『대동운부군옥大東韻府群玉』을 지은 초간草澗 권문해權文海의 예천권씨 집안과 함양박씨, 원주변씨 등이 이 마을에 세거한 명문가들이다. 이 금당실의 하금곡에 약포가 태어난 외가가 있었다.

그러나 이것만으로 약포 집안이 예천에 완전하게 뿌리를 내렸다고 볼 수는 없다. 남편이 아내의 본집에 거주하는 것이 풍습이었다 하여도, 처가나 외가에 고착된 삶을 살았던 것은 아니다. 예천에서 태어나 10년 동안 성장한 약포는 아버지를 따라 안동의 친가에 돌아가 10년을 보내고 20세 되던 해에 금당실로 돌아간다.

22세 되던 해에 약포는 예천의 고평에 터를 잡고 살던 거제반씨潘氏 반충潘冲(1508~1604)과 이조년李兆年(1268~1342)의 후손 성주이씨가 낳은 딸에게 장가들게 됨으로써 이곳과 인연을 맺는다. 묘갈명에 의하면 반충은 전공사총랑典工司摠郞 반용귀潘湧貴의 후손인데, 찰방察訪 반유潘濡에 이르러 지극한 효성으로 정려旌閭

의 표창을 받았다. 증조부 맹강孟江은 통사랑通仕郞, 조부 경涇은 부사맹副司猛, 부친인 사동士洞은 의서습독관醫書習讀官이었다. 거제반씨는 본래 용궁현에 거주하다가 반충의 4대조인 반혼潘混(1400~1460)의 시대에 고평으로 옮겼다. 관물당觀物堂이란 당호를 가졌던 반충의 집안은 상당한 재력을 소유한 가문이었다. 반충이 글을 읽으면서 수양하였다는 관물당(문화재자료 제465호)이 지금까지 전해 온다.

효자로서 이름나 후일 정려旌閭를 하사받은 장인과 온량하고 자애로운 성품으로 집안을 화목하게 이끈 장모의 보살핌을 받으면서 약포는 앞에는 연꽃이 있고 뒤에는 대나무밭이 있던 관물당에서 공부한다. 그곳은 벼슬길에 나선 후에도 그리운 고향의 장소였다.

염계 노인 일찍이 애련설 지었고,
소동파는 녹균헌에 글을 썼는데.
관물당은 당 하나에 두 아름다움을 겸하니,
빛나는 연꽃과 푸른 대나무 아침저녁으로 상쾌하구나.
濂翁夙著愛蓮說　坡老又題綠筠軒
今日一堂兼兩美　蓮光竹色爽朝昏

서울에서 여러 해 여름 겨울을 보내면서,

몇 번이나 고개 돌려 고향 산천을 그리워했던가.
남쪽으로 내려오니 늦은 가을바람 부는데,
대나무밭 거친 바람소리 여전하구나.
京洛多年費暑寒　幾番回首戀鄕山
南來正値秋風晩　萬介疏篁依舊顔

약포가 관물당에서 우연히 읊었다는 시 네 수 중 두 수이다.

문과에 급제하고 서울로 올라가기 전까지 그는 여전히 안동을 비롯한 주변 지역에서 공부하지만 주거지는 고평이었다. 그러나 관직에 진출하고부터 지방에 잠깐씩 근무하던 시기를 제외하고는, 대부분의 기간을 서울에 머문 약포의 일생에서 가장 비중 있는 곳은 사실 한양이었다. 명례방에 그가 살던 집이 있었고, 그는 이곳에서 형님의 아들인 정윤해鄭允諧와 셋째 아들인 정윤목鄭允穆과 거처를 같이했던 것으로 보인다.

약포의 후손들이 고평에 완전히 정착하기로 결정한 것은 약포의 은퇴기, 즉 임진왜란이 종료된 시점으로 추정된다. 청렴한 관리였던 그의 형편으로는 돌아갈 곳은 예천 밖에 없었고, 그를 대신하여 집안을 돌보던 둘째 아들 정윤위鄭允偉가 어머니의 고향집에서 살고 있었다. 대산大山 이상정李象靖(1710~1781)은 정윤위의 묘갈명에 피난을 갔던 그가 "양양(예천의 별칭)의 고평으로 옮겼고 이에 세거하게 되었다"라고 썼다. 그렇다면 약포의 후손들이 고평에 세거한 것은 약포의 노년 은거와 정윤위의 정착에서 비롯된 일이다.

본래 금당곡 출신이던 약포가 고평으로 이주하게 된 것과 관련하여 재미있는 설화가 전해 온다. 약포의 일화를 싣고 있는 서적들이 대부분 거론하는 이야기이지만, 『예천군지』의 기록이 가장 정제된 표현이라고 보이므로 이를 인용해 보자.

> 약포가 태어나기는 용문면 하금곡리인데, 고평리에 새로 집을 짓고 우물을 팠으나 웬일인지 아무리 깊게 파도 물이 나오기는커녕 한 방울도 비치지 않았다. 며칠 동안 애를 쓰다가 낮에 잠이 들었는데, 꿈에 용이 한 돌을 주면서 "이 알을 파던 우물 속에 넣으면 물이 날 것입니다"라고 하였다. 깜짝 놀라 깨어 보니 꿈이었다.
>
> 며칠이 지나간 어느 날 용문면 금당실에 볼일이 생겨서 살던 옛 집터에 들렀더니 뜻밖에도 얼마 전 꿈에서 용이 주던 알처럼 생긴 돌이 눈에 띄었다. 약포가 그 돌을 도포 소매에 집어넣고 고평으로 돌아와서 꿈에 용이 시켰던 대로 파던 우물에 집어넣으니 돌이 우물 밑에 떨어지자마자 한 방울의 물도 비치지 않던 우물에서 물이 콸콸 쏟아져 나오기 시작하였다고 한다.

수신水神이자 농업신인 용에 관한 설화는 내성천이 흐르는 예천에서 더러 찾아지는 설화의 한 유형이다. 그런데 굳이 금당실의 돌을 고평의 우물에 넣으니 물이 나왔다는 것은 무엇을 의미하는 것일까? 이 분야의 전문가의 혜안이 필요할 듯하나, 추측건대 금당곡에서 태어나고 자란 정승이 고평으로 옮겨갔음을 아쉬워하는 마음을 담았을까? 약포가 외가의 도움을 받았음을 암시하는 것일까? 아니면 두 가지 모두일까? 그것이 무엇이든 고평의 집안이 금당곡의 약포 외가와 연결되어 있음을 암시하는 것만은 분명하다.

청년 시절을 보낸 고평동으로 돌아온 후 약포는 내성천이 바라보이는 곳에 망호당望湖堂 또는 망호재望湖齋라는 이름의 집을 짓고 생활한다. 지금 도정서원에 부속되어 있는 읍호정挹湖亭도 내성천변에 건축한 정자였다. 망호당의 '호'나 읍호정의 '호'는 모두 도정서원에서 내려다보이는 내성천을 가리킨다. 그는 이곳에서 전란으로 지친 심신을 달래며 마음의 안식을 얻었고, 그의 집안이 풍요롭고도 번영하는 삶을 살기를 기원하였다.

늙은이와 젊은이 함께하는 모임,	老幼一堂會
전년에도 하고 올해도 다시 하네.	前年復此年
내년 이맘때의 모임도,	明年此時會
이 집에서 이루어지길 거듭 약속하였네.	重約此堂前

약포의 제사를 받들며 고평의 종가를 이끌었던 정윤위鄭允偉 또한 스스로 동호주인東湖主人이라고 하였음을 보면, 이 가문의 사람들에게 내성천은 특별한 의미를 가진 곳이었음을 알 수 있다.

제2장 종가의 역사와 약포의 후손들

1. 고려조 선조들의 행적

약포의 후손 중에 노암魯庵 정필규鄭必奎라는 큰 학자가 있었다. 『약포집』을 증보하는 일을 맡았던 그는 서원정씨 족보인 『정해보丁亥譜』에 서문을 쓰면서 "우리 정씨는 본디 덕행德行과 훈업勳業과 문장文章과 기절氣節로 세상에서 무겁게 여겼다"라고 자랑하였다. 고려 중엽 이후로 역사서에 이름을 남긴 서원정씨 인물들의 모습을 보면, 이는 헛된 말이 아니다.

서원정씨의 옛 조상은 멀리 신라 6부족 연맹체로까지 소급된다. 6촌 연맹체의 수장 중에 진지촌의 지백호智伯虎라는 이가 있었는데, 유리왕이 6촌의 이름을 바꾸면서 우두머리에게 성을 하사할 때 정씨가 되었다. 그가 경주정씨의 시조이고, 이로부터 영일, 동래, 온양, 초계, 하동, 진주, 서원을 본관으로 하는 정씨가 갈라져 나왔다. 그러나 경주정씨에서 서원정씨가 언제 어떤 연유로 분파되었는지는 고증할 수 없다.

서원정씨들이 자신들의 시조로 분명하게 의식하는 사람은 고려 중기에 중랑장을 지낸 정극경鄭克卿이다. 그리고 한미한 가문에 지나지 않았던 그의 집안이 수도의 대성으로 등장하게 된 것은 그의 손자인 정의鄭顗 때부터다. 정의로부터 시작하여 여말선초에 이르기까지 서원정씨는 다수의 벼슬아치와 여러 명의 공신을 배출하는데, 『고려사』「열전」은 약포의 선조 여섯 명의 행적을 기록하고 있다.

정의는 하급관리인 대성臺省의 아전(掾吏)으로 서경의 분사分司[1]에 근무하였다. 1217년(고종 4) 거란이 침입한 틈을 타 서경병마사 최유공崔愈恭에게 불만을 품고 있던 최광수崔光秀가 최유공을 살해하고 고구려 부흥을 명분으로 반란을 일으켰다. 그의 반역에 분개한 정의는 10여 명의 동료만 거느린 채 소매 속에 도끼를 숨겨 가서는 최광수를 죽이고 반란을 진압하였다. 그 공을 인정받아 중랑장에 파격 등용된 그는 여러 관직을 거쳐 대장군이 된다.

그 뒤인 고종 20년, 그는 최광수를 토벌할 때의 동료 필현보畢玄甫가 난을 일으키자, 그를 무마하라는 조정의 명령을 받았다. 대동강에 이르자 같이 갔던 사람들이 겁을 먹고 만류하였으나, 그는 분연히 "국왕의 명령을 받고 나왔으면서 감히 조금이라도

高王四年成州人崔光秀殺西京兵馬使崔愈恭據其城
署置僚佐募精銳聲言興復高句麗傳檄相煽鄭顗以臺
椽分司西京大怒袖斧率畢玄甫申竹等十餘人往斬光
秀誅其黨八十人餘置不問反側遂安王大喜超授中郎
將仍令叅直內侍院賜衣冠鞍馬賞從佐有差歷將軍侍
郞拜大將軍遷都江華之明年玄甫以西京叛大臣議招
安以玄甫嘗爲顗用卽擧顗馳傳宣諭旣至大同江從者
請無遽入顗奮然曰受命以出敢少趑趄死固分也旣見
玄甫玄甫喜得顗欲以顗爲主且誘且脅顗竟不屈遇害

詩
成州逆賊陷西京一箇孤忠貫日明獨執寸兵伸大
義汗青千載播聲名　姦臣跋扈據邊城家國安危係
此行誘脅多端終不屈分明見得死爲輕

정의의 충절을 소개한 『삼강행실도』의 그림과 글

늦출 수 있는가? 오늘 죽는 것이 진실로 나의 분수分數이다"라고 다짐하고는 필현보를 찾아갔다. 옛 부하는 그를 반란에 가담시키려고 회유도 하고 협박도 하였지만 굴복하지 않자 살해하였다. 이것이 『고려사』에 기록된 서원정씨 최초의 기절, 즉 절의에 관한 기록이고, 그 사적은 조선조 세종 임금 때 간행된 『삼강행실도』에도 실려 있다.

다음으로 『고려사』에 특기된 인물이 정의의 손자인 정해鄭瑎이다. 어려서 부모를 잃고 고아가 된 그는 선조의 음덕으로 벼슬을 얻는 대신, 힘써 공부하여 자력으로 과거에 급제하였다. 다채로운 벼슬을 역임한 그는 법을 집행함에 권력자에게 아부하지 않았고, 비록 왕의 총애를 받는 자가 청탁을 한다 해도 들어주지 않았다. 외유내강의 인물로서 평소에는 마음이 넓고 너그러웠으나, 일을 할 때는 정밀하고도 민첩하였으며 권세나 위협에 소신을 꺾지 않았다. 죽은 후에 장경공章敬公이라는 시호가 내려졌다.

그의 아들 정책鄭幘은 명장 김방경의 손녀, 김순의 딸에게 장가들었다. 성품이 활달하고 사소한 일에 얽매이지 않아, 먹고 사는 일에 도무지 관심을 두지 않는 그를 두고 처조부 김방경은 "책은 참으로 남자이다"라고 칭찬하였다. 그가 궁궐도감으로 개경에 근무할 때 충숙왕이 참소를 당하여 원나라의 수도 연경에 5년 동안 억류된 일이 있었다. 매우 궁핍한 생활을 하던 충숙왕은 신하들에게 배신까지 당하였으니, 신하들 중 많은 자들이 심양왕[2]에게 아부하였다고 한다. 이 상황에서도 정책은 좌고우면左顧右眄하지 않고 궁궐의 소요 경비를 절약하여 연경에 있는 충숙왕을 원조하였다. 충숙왕이 귀국하여 절개와 노고에 보답하고자 응양군 상호군의 벼슬을 제수하였고, 죽은 후에는 청하군淸河君에 봉하였다.

청하군의 두 아들이 정오鄭頫(1299~1364)와 정포鄭誧(1309~1345)

이다. 정오는 역동易東 우탁禹倬(1263~1343)의 문도로서 과거에 등제하여 충혜왕 시절 감찰을 시작으로 벼슬을 살았다. 충숙왕은 정오를 제거정동유학提擧征東儒學에 임명하여, 그를 아들인 공민왕의 스승으로 삼았다. 공민왕이 즉위하여 스승의 은혜를 갚고자 정오에게 봉군가작하고 공신호를 내렸으니, 서원군西原君 사추충진의보리공신賜推忠陳義輔理功臣이다. 시호는 문극공文克公이다.

정포는 18세에 등제하여 충혜왕 때에는 좌사의대부左司議大夫를 역임하였는데, 집정자들의 잘못을 논박하는 일을 두렵게 여기지 않아 미움을 많이 받았다. 후에 "정씨 형제가 중국으로 가서 심양왕으로 있는 태제太弟를 옹립할까 두렵다"라고 참소하는 자가 있자 충혜왕이 정오는 영해로, 정포는 울주로 귀양 보냈다. 정포는 배소에서도 평소와 같이 태연자약하였고, 큰 나라에 가서 자기 포부를 펼치려는 대장부의 기상이 있었다. 익재益齋 이제현李齊賢(1287~1367)의 증언에 따르면, 울주의 수령으로 근무하면서는 은혜로운 정치를 베풀어 백성들이 이임을 가로막았다고 한다. 그의 시와 문장은 간결하고도 고아하였으며, 필적 또한 오묘하였다고 한다. 이제현과 목은牧隱 이색李穡(1328~1396)이 쓴 서문이 붙은 문집이 전해 오니, 『설곡시고雪谷詩稿』는 현재 확인할 수 있는 서원정씨 최초의 문장이다.

서원정씨는 후에 수많은 분파가 이루어지나, 정오와 정포를 가장 기본적인 파조로 삼아 설헌파와 설곡파로 나뉜다. 이 두 파는 고려가 조선으로 바뀌는 과정에서 정치적 입장을 달리한다.

【서원정씨의 분파와 주요 인물】

극경(克卿) — 효문(孝聞) — 의(顗) — 현(儇) ┬ 현소(玄紹)
├ 참연(昆淵)
└ 해(瑎) — 책(幘) ┬ 오(頫) — 침(賝) — 의룡(義龍) — 약(若) — 보문(普文) — 원로(元老) — 교(僑) — 이충(以忠) — 탁(琢)
└ 포(誧) — 추(樞) ┬ 총(摠)…괄(适) · 곤수(崑壽) · 구(逑)
└ 탁(擢)

정오의 아들 정침(1323~1395)의 호는 퇴은退隱이고, 공민왕 때 정윤正尹 벼슬을 역임하였다. 정오의 후부인인 홍씨는 장간공莊簡公 홍융洪戎의 딸이었는데, 충혜왕과 공민왕의 외사촌이었다. 따라서 정침은 두 왕에게 인척이 되는 가까운 관계였으나, 이를 출세의 발판으로 삼기보다는 벼슬을 그만두고자 하는 뜻을 강하게 가졌다. 게다가 신돈이 전권을 농단하는 것을 보고는 물러날 뜻을 더욱 굳혔다. 그러나 공신들이 배출된 가문의 후예이자 왕실과 인척이었으므로 관직에서 쉽게 물러나지 못하다가 고려가 멸망한 후 은퇴의 뜻을 굳힌다.

그는 혁명에 가담한 과거의 동료들에게 "그대들은 새 임금을 도와 태평성대를 이루게. 나는 초야에 묻혀 살다가 우리 임금을 지하에 가서 뵈오리다"라고 다짐하였다. 야은冶隱 길재吉再가 함께 있다가 손을 잡고 탄식하며 말하였다.

> 그대는 참으로 천하의 선비다. 지금 포은圃隱(鄭夢周)은 죽어서 충성을 다하고, 목은牧隱(李穡)은 목장에 은거하고, 도은陶隱(李崇仁)은 도요에 은거하러 가고, 운곡耘谷(元天錫)은 밭갈이하러 가고, 그대는 은퇴를 하는구려. 비록 벼슬의 높낮이와 삶과 죽음은 달라도 그 충성심은 여러 군자가 똑같다.

야은은 뜻이 같고 친한 친구인 정침의 절개가 잊힐까 두려워 「퇴은 정침의 전기」(退隱鄭琛傳)를 썼는데, 그의 은퇴는 불사이군의 절의를 지키기 위한 행동이었다. 이 밖에도 성균관 대사성이던 목은牧隱 이색李穡이 「서원정씨가전西原鄭氏家傳」에 서문을 쓰고 있음을 보면, 당시 이 가문은 수도에서 상당한 명망을 얻고 있었음을 알 수 있다.

정침은 진외가의 안동 별장으로 은퇴하였고, 이것이 서원정씨가 영남에 거주하게 된 시초이다. 이 집안의 후손들은 선조의

정신을 이어 안동에 세거하면서 벼슬에 나서지 않았고, 벼슬을 하더라도 한직이나 미관말직에 머물렀다. 이 줄기에서 약포가 태어나 연원 있는 학문을 전수 받고 공신이 됨으로써, 설헌파의 덕성과 훈업, 문장과 기절의 정신을 계승하고 발전시켰다.

이에 반해 정포의 가문은 조선의 개국에 참여한다. 정포의 손자인 복재復齋 정총鄭摠과 춘곡春谷 정탁鄭擢이 그들이다. 이들은 이성계를 도운 공으로 개국공신이 되었고 서원군과 청원군으로 봉군되었다. 정탁은 세종 임금 때 우의정까지 역임하였다. 정총의 자손이 정괄鄭适·정곤수鄭崑壽·정구鄭逑 삼형제이다. 정곤수와 정구는 임진왜란이 종결된 후 호성공신 1, 2등에 봉해진 학자들이었으니, 설곡파의 훈업과 문장은 이들에 의하여 계승되었다고 하겠다.

고려시대부터 시작된 서원정씨의 문장과 훈업과 절의는 조선조에서도 이어져 재상과 공신, 청백리를 배출한다. 재상으로는 춘곡 정탁과 약포 정탁이 있고, 공신으로는 정총鄭摠, 정탁鄭擢, 정탁鄭琢, 정곤수, 정구가 있다. 한 나라 학문의 표준(文衡)인 대제학을 역임한 이로는 정곤수와 정구가 있으며, 청백리로는 정한기鄭漢璣, 정탁鄭琢, 정곤수, 정구가 있다.

2. 조선 전기 선조들의 행적

약포의 가문은 약포에 이르러 크게 발신한다. 파조는 다르지만 약포와 항렬이 같은 정곤수와 정구도 약포와 함께 벼슬하고 공신이 되었음을 보면, 이때가 서원정씨의 최전성기였다. 하지만 앞서 말한 대로 정침의 후손들은 안동에 살면서 벼슬하지 않았으므로, 조선왕조 전반기의 약포 집안은 한미하였다. 조선조에 벼슬을 한 약포의 조상을 6대조까지만 보면 아래와 같다.

태종太宗 때에 약포의 6대조 정약鄭若은 형조 소속 관아인 도관都官의 좌랑佐郎을 지냈다. 고조부 정보문鄭普文은 장사랑將仕郎이었으며, 부인 진보이씨眞寶李氏는 선산도호부사善山都護府使로 호조참판戶曹參判에 증직된 이정李禎의 딸이자, 퇴계의 종조고從祖

姑였다. 장수현감長水縣監을 지낸 증조부 정원로鄭元老는 후일 승정원 좌승지에 증직되었으며, 부인 연안김씨延安金氏는 개성유후開城留後 김자지金自知의 손녀였다. 할아버지 정고鄭僑는 성균관생원成均館生員이었고, 이조참판에 증직되었다. 그의 부인 광주김씨光州金氏는 군기시정겸교서관판교軍器寺正兼校書館判校 김경광金景光의 딸이었다.

약포의 아버지 정이충鄭以忠(1502~1546)은 일찌감치 과거공부를 포기하고서 담박하게 살다가 세상을 마쳤고, 사후에 아들이 귀해짐으로써 영의정에 추증되었다. 부인 평산한씨平山韓氏는 고려의 예의판서禮儀判書 한철충韓哲沖의 후손이고, 사헌부감찰 한순韓順의 손녀요, 성균관진사 한종걸韓終傑의 딸이다. 대체로 미관이나 산직을 역임하는 데 그쳤던 약포의 집안은 그나마 아버지대에 와서는 벼슬을 하지 못하였는데, 중부仲父 정이홍鄭以興이 삼가현감을 지낸 정도가 눈에 띄는 환력이다.

약포가 우의정에 임명되었음을 기록한 『조선왕조실록』의 기사는 "정탁은 본래 영남의 한족寒族으로서 젊어서 명성이 없었다"라고 하였고, 같은 책의 「서원 부원군 정탁의 졸기卒記」도 "탁은 인품이 유순하고 온후한 사람인데, 등과했을 당시에는 명망이 없어 오랫동안 교서관校書館에 머물러 있었다"라고 하였다. 한미한 가문을 뜻하는 한족이라는 말과 명망이 없었다는 말은 같은 의미를 가진다.

약포는 자신을 후원해 줄 사람도 없는 조정에서 외롭고 고단한 벼슬살이를 하여 후일 정승의 반열에까지 올랐고, 이 한미한 집안을 영남의 거족으로 성장시켰다. 최립은 약포 대에 이르러 명문으로 성장하는 과정을 정이충의 묘갈명에서 다음과 같이 표현하였다.

사도로부터 일곱 대를 내려와서,	司徒七世
판윤공 세상에 나왔나니,	判尹曰公
막힌 상태가 극에 이르면,	迺窒之極
역시 열어서 통하게 해 줌이라.	亦啓于通
이 어찌 선조의 덕 멀리 흘러내려,	不寧流遠
그 한 몸에 멈추어 쌓임이 아니겠는가.	緊蓄在躬
임금께서 효자의 뜻 장려해 주시려고,	上勸孝子
부친의 작위를 비례해서 추증했네.	爵視以隆
앞으로 높아질 일 끝나지 않았다고,	隆其未已
한마을 사람들 똑같이 말하나니,	鄉人言同
그들은 무엇을 느낌이 있었던가,	鄉人何感
바로 장자의 풍도였다오.	長者之風

3. 약포 정탁은 누구인가?

1) 약포에 대한 평가들

(1) 이험일절 진퇴무구

1605년 약포가 사망하자 국왕 선조는 예조좌랑 조정趙靖을 파견하여 조문하도록 하고, 영전에 제사를 지내는 사제문賜祭文을 내렸다. 약포의 일생을 평가하는 여러 편의 글들이 남아 있지만, 가장 오래 되었고 또한 공적인 문서인 이 글은 일절이험一節夷險과 진퇴무구進退無垢라는 말로 그를 평가하고 있다. 세월이 흐른 뒤에 황여일黃汝一이 작성한 행장과 정온鄭蘊이 쓴 묘지명이 약포를 절의의 실천자로 평가하는 데 많은 지면을 할애하면서 이험일절夷險一節 종시일절終始一節 등으로 표현한 것은 사제문의 평가를 따른 것이다.

이험일절이란 편안할 때나 위험할 때나 한결같이 절의를 실천하였다는 말이다. 유학은 의리義理의 학문이라고 불릴 만큼 의리 또는 절의를 숭상한다. 의리는 상대자와의 관계에 따라 달리 설정되는 것으로, 지위에 요구되는 직책을 진실하게 정성을 다해 수행하는 태도를 가리키는 말이다. 이를 실천하기 위해서는 경우에 따라 자기 목숨도 바쳐야 한다. 정필규가 사용한 기절氣節이라는 말이 이 절의에 해당한다. 이 절의는 평상시에도 완전히 실천하기 어렵지만, 생명과 소유가 위협 당하는 위험한 때에는 더욱 실천하기 어렵다. 그럼에도 불구하고 약포는 초지일관하였다는 것이다.

(2) 연원지학 사직지훈

이와 함께 주목해야 할 평가가 또 있다. 창설재蒼雪齋 권두경權斗經(1654~1726)은 도정서원 상향常享 축문祝文에 "위대한 현인의 높은 제자이자 나라를 중흥시킨 충신이다. 연원이 있는 학문을 하고 사직에 공을 세웠다"(大賢高弟, 中興藎臣, 淵源之學, 社稷之勳)라고 썼다. 이 짧은 구절은 두 가지 사실을 지적하고 있다. 첫째는 역사적으로 오래되었고 정통성이 있는 학문을 위대한 스승(대현)에게서 배운 사람이라는 것이고, 둘째는 임진왜란의 극복에 힘써 국가를 중흥시킨 공훈이 있는 충신이라는 것이다. 이 둘은 서로 무관한 사실들을 병렬시켜 놓은 것이 아니다. 연원 있는 학문을 배움으로써 한결같이 의리를 실천하였고 국가를 중흥시키는 큰 공을 세웠다는 뜻으로 이해되어야 한다. 이제 졸기와 권두경의 평가를 중심으로 약포의 인격과 활약상을 살펴보기로 하자.

2) 관용과 강직함을 겸비한 성품

(1) 넓은 도량

약포는 젊은 시절부터 도량이 커서 큰 인물이 될 것으로 기대되었던 모양이다. 아직 과거에 급제하지 못했던 시절 그는 설월당雪月堂 김부륜金富倫(1531~1598)과 함께 산사에서 독서한 적이 있었다. 어느 날 밤 시를 짓기로 하였는데 약포가 "북두성은 하늘에 있어 온 세상이 우러르고"(星斗在天天下仰)라고 읊자 포부와 기상에 놀란 설월당이 "후일 반드시 조정(廊廟)에 있으면서 태산북두와 같은 중망을 얻을 것이다"라고 찬탄하였다.

이와 유사한 이야기가 집안에 전해 온다. 약포가 장가들었을 때 맏동서가 아우 동서인 약포를 얕잡아 보았다. 장인이 하루는 두 사위를 불러 놓고는 등잔불을 가리키며 칠언율시를 짓도록 하였다. 맏사위는 "흰 용이 구슬을 물고 강을 건너온다"(白龍含珠渡江來)라고 읊었다. 등잔 심지를 흰 용으로, 불꽃을 구슬로, 접시를 강으로 비유한 것이다. 다음은 약포의 차례였다. 그는 "모든 나라의 성안에 한漢나라의 깃발이 꽂혔다"(萬國城中插漢幟)라고 읊었다. 모든 나라의 성안은 기름이 담긴 접시이고, 깃발은 심지에 불이 붙어 펄럭이는 모양의 비유이다. 기름이 담긴 조그만 접시를 한 개의 강으로 본 큰동서에 비해 아우인 약포는 접시를 천하에 비겼으니 안목과 포부가 그만큼 컸다고 하겠다.

33세에 문과에 급제한 약포는 다음 해 교서관校書館에 배치되었다. 교서관은 서적의 인쇄와 향축香祝·인전印篆의 관리를 맡은 기관이다. 문치를 지향한 조선왕조로서는 꼭 필요했던 기관이었다고 하겠으나, 정치적 실무와는 거리가 먼 한직이다. 그는 이곳에서 서적 인쇄를 맡은 장인들을 감독하고 간행될 서적들을 교정하는 작업을 하였다. 이를 보고 사람들이 "정승감이 교서관에 배치되었다"라고 안타까워했으나, 약포는 불만스러워하지 않고 맡은 업무를 성실하게 수행했다. 그의 이런 모습을 보고 후일 큰 인물이 될 것임을 예견하는 사람들이 있었다고 하는데, 타인이나 운명을 원망하고 작은 일에 일희일비하는 속 좁음을 보이는 대신, 큰 도량으로 자기 직무를 받아들여 책임을 다하는 사람임을 알아본 것이다.

남다른 도량을 가졌던 그는 또한 타인에게 관대할 수 있었다. 하담荷擔 김시양金時讓(1581~1643)은 약포의 "사람됨이 따뜻하고 공손하여 노비나 짐승에게도 나쁜 말로 욕을 하지 않았는데, 그 후덕함이 족히 높은 자리에 이를 만하였다"라고 하였다. 강원도 관찰사로 있으면서 보여 준 인정 많은 정치는 이런 인품이 드러난 일례이다. 관대하고 용서성이 많은 정치를 베푼 그는 형벌을 최대한 피하였고 갇혀 있는 죄수들을 풀어 주려고 노력하였다. 춘천부에 행차하여 식사 대접을 받을 때에는 이런 일도 있었다. 노비가 관찰사의 밥상에 젓가락을 놓는 일을 잊어 작은 소동이 일어났다. 춘천부사가 노비를 징치하고자 하였으나, 그 정도의 일에 개의치 않은 약포는 벌을 주지 않도록 조치하였다. 금강산을 유람할 때는 가마를 메고 가는 승려의 노고를 헤량하고는 식량과 포목을 하사하여 위로하였다. 그는 권력 없는 아랫사람의 노고를 느낄 줄 아는 따뜻한 사람이었다.

그렇다고 무골호인이었다는 말은 아니다. 그는 옳고 그름을 따져야 될 일에 있어서는 누구에게도 굽히지 않는 소신과 기력을 가진 사람이었다. 교서관 정자로 근무할 때의 일이다. 그가 향실香室에 숙직하던 밤 명종이 편치 않자 어머니 문정왕후는 부처에게 기도한다는 이유로 향실에 보관된 향을 가져오라고 명하였다. 이에 약포는 "이 향은 하늘과 땅에 제사 지낼 때(郊社) 사용하는 향이지, 부처를 공양하기 위한 향이 아니다"라고 하면서 거절

하였다.

왕후는 대노하였지만, 여론은 약포의 행동을 옳다고 여겨 일시에 그의 명망이 높아졌다. 너그러우면서도 명분과 원칙에 어긋나는 일과는 타협하지 않았던 그는 의로운 사람이었다. 그가 문정왕후의 비호 아래 월권과 비리를 일삼던 척신정권을 탄핵한 것도 그의 의로움을 보여 주는 실례들이다. 윤원형, 윤백원, 심통원 등이 그의 비판을 받은 권간들이었다.

(2) 중용의 성품

사람이 어질면서도 의로울 수 있다는 것은 말처럼 쉬운 일은 아니다. 그보다는 타고난 기질이 달라 개인적인 성향의 차이와 인격적인 편차가 있는 것이 사람이다. 흔하게 볼 수 있듯이 성품이 어진 사람은 옳고 그름을 따지는 일(義)에 익숙하지 못하다. 반대로 의로움을 중시하면서 불의를 미워하는 사람들 중에는 남을 긍휼히 여기는 어진 마음씨가 부족한 경우가 많다. 어질지만 의롭지 못한 사람은 나약하기 쉽고, 의롭지만 어진 마음이 부족한 사람은 포악하기 쉽다. 더군다나 한때는 어질다가도 다른 때에는 모질게 남을 대하는 변덕을 부리는 범인들은 일관성 있는 인격 내지 정체성을 갖기 어렵다. 이런 성향들을 유학에서는 기질지성이라고 하는데, 독일 심리학자 칼 융(Karl Jung)의 'temperature'를 기질로 해석하는 것은 유사성이 있기 때문이다.

기질지성의 특징은 어느 한쪽으로 편향되어 있다는 것인데, 그 반대말이 중용의 성격이다. 정약용의 말을 들어 보자.

> 지금 『서경書經』의 「고요모皐陶謨」편을 살펴보니, 고요가 구덕九德의 조목을 펼쳐 보였다. 첫 번째로 '관대하면서도 엄하다' 고 하였는데, 관대함에 치우치지 않고 엄격함을 겸하는 것이 중中이다. 두 번째로 '부드러우면서도 자기를 세운다' 고 하였으니, 부드러움에 치우치지 않고 자기 줏대 세움을 겸하는 것이 중中이다.…… 다섯 번째로 '넉넉하면서도 굳세다' 고 하였으니, 넉넉함에 지나치지 않고 굳셈을 겸해야 중中이다. 여섯 번째로 '곧으면서도 따뜻하다' 고 하였으니, 곧음에 지나치지 않고 따뜻함을 겸해야 중中이다.…… 요컨대 이것에만 편중되지 않고 반대의 것도 겸한다는 의미이다.

어질면서도 굳세게 의로움을 지향하는 약포의 성향은 그의 일생 전반에서 발견되는 현상이므로 그는 중용의 성향을 인격으로 승화시켰던 사람이다.

물론 비타협적으로 시비를 분별하는 것이 도학을 배운 사람이 마땅히 취할 자세라고 여기는 사람들에게는 그의 이 같은 완곡한 성향은 마음에 들지 않는다. 더욱이 선조 시대는 이전의 척

신정치의 폐단을 씻어 내고자 깨끗한 도덕정치를 지향하던 시대였다. 성리학의 도학정신으로 수신한 착한 선비들이 많이 등용되었고, 이들은 옳고 그름을 추상 같이, 비타협적으로 분별해 내고자 하였다.

이에 한때 조정이 깨끗해지는 효과를 보기도 하였으나, 종교적으로 정의를 추구함으로써 남의 조그만 잘못도 용서하지 못하는 관용성 부족에 허덕여야 하였다. 그들도 사람인지라 비판을 받은 사람들은 당파를 모아 반목을 일삼게 되니, 맑은 물에는 고기가 살지 못한다는 말과 같이 도덕지상주의의 폐해가 나타났다. 아무리 선의에서 나왔다고 하더라도 관용 없는 원칙론은 돌이킬 수 없는 재앙을 불러온다. 성리학은 맑고 깨끗한 인물들을 많이 길러 냈지만, 관용성은커녕 정치성부터가 부족하였다는 것은 이미 잘 알려진 흠결이다.

당파의 소속과 관계없이 약포를 비판적으로 보는 『실록』의 기록이 많이 남은 것은 이도 저도 아닌 것으로 비춰지는 약포의 태도가 이들에게는 불만스러웠기 때문이다. 우유부단하였다거나 한 가지도 건의한 것이 없다는 등의 악평이 그것이다. 그러나 약포는 비타협적인 시비분별이 불러올 재앙을 잘 알고 있었으므로, 근원적으로 잘못된 큰 실수가 아니라면 용서할 수 있다는 관용성을 발휘하였다. 또한 그는 근본적으로 남의 잘못을 탓하기보다는 자기의 책임을 먼저 따지는 성품이었다.

3) 연원 있는 학문

(1) 입문과 교유

중용을 실천하지 못하는 인격적인 장애가 있다면 그 편향성을 고치고자 노력해야 한다. 그 노력하는 일련의 과정을 수신修身이라고 하는데, 핵심은 편협한 기질을 변화시켜 본연의 성질이 균형 있게 발휘되도록 하는 변화기질變化氣質이다. 약포가 스승들로부터 배운 학문은 이런 것이었다.

금당곡에서 태어나고 자라던 약포가 안동의 가구촌에 갔던 주된 목적은 배움에 있었다고 짐작된다. 11세라면 본격적으로 취학할 나이이고, 안동 인근에는 좋은 선생들이 많았기 때문이다. 그는 이 마을 출신인 백담栢潭 구봉령具鳳齡과 함께 삼가현감을 지낸 중부 정이흥鄭以興에게 수학하면서, 금사사金沙寺에 들어가 독서를 하기도 하였다. 17세에는 가구촌에서 가까운 예안의 퇴계 문하에 입문한다. 동문들인 설월당 김부륜, 월천月天 조목趙穆, 서애 류성룡, 학봉 김성일, 백담 구봉령은 배움의 동반자이자 서로 도우면서 벼슬한 동지들이었다. 36세에 진주 향교의 교수로 부임하여서는 남명南冥 조식曺植을 사사하였고, 문하생들인 동강東岡 김우옹金宇顒, 덕계德溪 오건吳健과는 평생 교유하는 관계를 맺었다. 당시 영남의 가장 위대한 두 학자에게 가르침을 받은 그는 행운이였다.

그가 연원 있는 학문을 하였다는 말은 퇴계의 문하에서 가르침을 받았다는 뜻이다. 약포 또한 퇴계의 학문을 연원이 있는 학문이라고 생각하였다.

마음을 보존存心함은 오로지 경敬에 있으니,
군자는 밥 먹는 잠깐 사이에도 허둥거리지 않는다네.
순임금은 하늘을 우러러 공경하였고,
주나라 문왕은 공경하고 삼갔다.
공자는 큰 덕이 있어,
만고에 사람들이 모두 우러른다네.
……
사도師道가 오랫동안 쓸쓸하니,
긴 세월 후에 주자를 그리워한다.
목소리는 작아져 다시 접할 수 없으니,
구름 같은 세상 내 마음 슬프게 한다.
도산의 퇴계 선생이 성인의 도를 강론하시니,
바다 밖에서도 북두칠성처럼 우러른다.
선비들이 옷을 걷고 스승으로 모시니,
우리 동방의 문물이 상실되지 않았구나.
存心惟在敬　君子不遑食

虞舜仰欽哉　周文思翼翼
仲尼有大德　萬古人皆仰
……
師道久寥寥　千秋想紫陽
音微無復接　雲物我心傷
陶山講古道　海外皆斗仰
函丈士摳衣　吾東文不喪

약포 같은 영남의 학자들이 생각하는 연원이란 퇴계에서 주자로, 주자에서 공맹으로, 공맹에서 주나라의 문왕과 무왕으로, 최종적으로는 요순임금에 이르는 심법의 전수 과정이고, 그 학문의 정수는 심학心學이었다.

퇴계의 사망을 알리는 부고가 조정에 도착한 날 경연의 저녁 강의에 입시하였던 약포는 "우리나라에 학문하는 사람이 혹간 있었으나, 조예造詣가 정밀하고 깊으며, 실천함이 순수하고 굳센 이는 오직 이 한 사람뿐입니다. 그의 진퇴進退·출처出處·사수辭受·취여取與가 모두 후인들의 모범입니다"라고 말하여 존경심을 표하였다.

시대가 흐를수록 퇴계만 강조하고 남명의 가르침을 무시하거나 소홀히 여기는 경향이 있다. 그러나 약포는 그 스스로 남명에게 큰 가르침을 받았다고 인정하였다. 남명으로부터 우뚝 선천길 벼랑(壁立千仞)과 같은 기상을 배웠으며, 처음부터 끝까지 절의를 온전히 실천할 수 있었던 것은 그에게 배운 것이 많았기 때문이라고 하였다.

빼놓을 수 없는 일화가 있다. 진주 향교 교수직 이임 인사를 위해 찾아가자, 남명은 그에게 "우리 집에 소 한 마리가 있으니 끌고 가게"라고 말하였다. 약포는 어리둥절해졌다. 스승에게는 소도 없었고, 있다 하더라도 받을 이유도 없었으니까. 이에 남명은 말씀하였다. "그대는 말과 의기가 지나치게 재빠르니 느리고 둔한 것이 오히려 멀리 갈 수 있는 것만 못하다네!" 사태의 본질을 예리하게 꿰뚫어 보고 재빠르게 비판하는 자세보다는, 오랫동안 꼼꼼하고도 넓게 생각해 본 후에 행동하는 것이 진정한 의기라는 가르침이다. 불의에 대한 저항에 있어서는 누구에게도 뒤지지 않았던 남명마저도 그의 말과 의기의 민첩함을 걱정하고 기질을 바꾸어 중용할 수 있는 성품을 가지라고 권하고 있다.

약포는 이 스승이 돌아가신 후 다음과 같이 조상하였다.

조부자曺夫子를 경앙景仰하노니,	景仰曺夫子
산림에 거하였으나 도는 절로 높았다네.	林居道自尊
세 번의 초빙을 끝내 사양하고,	終辭三聘幣
가난한 삶 속에서의 즐거움을 고치지 않았네.	不改一簞飧
엄릉의 절개를 일으켜 세우고,	扶起嚴陵節

가의의 말로 다스려 편안하였네. 治安賈傳言
두류산처럼 만길 높이 우뚝 서서, 頭流萬仞立
천년토록 따를 모범을 보이셨다네. 千載典刑存

생사를 불문에 부치고 험난한 전쟁터를 누비며 맡은 바 소임에 충실했고, 결과적으로 이험일절의 평가를 받게 되기까지는 남명에게서 감발 받은 바가 많았음을 짐작할 수 있다.

(2) 경의공부

그가 받은 가르침은 스승이 다르다고 내용이 달라질 것은 아니었다. 첫 스승 정이홍에서부터 퇴계와 남명에 이르기까지 공통된 가르침은 경의敬義였다. 경공부는 구체적으로 정제엄숙整齊嚴肅, 주일무적主一無適, 기심수렴其心收斂, 상성성법常惺惺法의 네 가지로 제시된다. 예법에 맞게 자신의 신체를 규율하면서 엄숙한 자세를 유지하는 것이 정제엄숙이고, 현재 하는 한 가지 일에 정신을 집중하여 혼신의 힘을 다해야 한다는 것이 주일무적이다. 천 갈래 만 갈래로 날뛰는 마음을 거두어들여 마음을 전일專一하게 하는 것이 기심수렴이며, 정신을 항상 깨어 있고 깨어 있는(惺惺) 상태에 두는 것이 상성성법이다.

우리는 보통 한 사람의 인생을 평가할 때, 그 일생의 대체적인 얼개나 특별한 사건을 중심으로 파악한다. 이렇게 보면 일생의 대부분의 시간은 뭔가 중요한 일을 만나기 전까지 주어지는 여분의 시간이다. 그런데 약포가 수학한 성리학은 이와 다르다. 성리학은 인생의 한 마디 한 마디가 의미 있는 시간이 되어야 한다고 가르친다. 어떠한 순간에도 정신은 깨어 있어야 하고, 깨어 있는 정신은 법도에 맞게 자신을 통제할 수 있어야 한다. 그를 위하여 남은 알아차리지 못하지만 자기만은 알 수 있는 미세한 의념意念의 순간마저도 진실해야 한다고 강조하였다. 일상생활을 학문과 실천의 대상으로 삼은 유학의 기본적인 정조는 평범하지만, 유학이 추구하는 인격을 갖는 일이 지극히 어려운 것은 이처럼 수신의 정도가 높기 때문이다.

약포는 퇴계와 남명을 사사한 학자답게 마음의 미세한 떨림인 의념의 순간부터 마음가짐이 선한가, 악한가를 정밀하게 살피고, 선을 지향하는 일관성을 가지려고 노력하였다.

> 의념이 발생하는 기미에 선악이 갈리니,
> 진실하고자 노력하는 것이 가장 귀하다네.
> 마음이 떨리기 시작하는 처음에 조금이라도 틀어지면,
> 사람이 될지 귀신이 될지가 갈린다네.
> 意幾有善惡　誠之最爲貴
> 一闕咫尺間　千里別人鬼

이런 순간에서부터 경의 자세를 유지함으로써 기질의 편협성은 반성되고, 그 결과 타고난 양심이 정화되고 착한 본성이 온전히 실현된다.

그런데 경공부는 단지 마음을 다스리는 데 목적을 두지 않는다. 마음 다스림은 무엇보다 의로움을 실천하기 위한 준비일 때 의미를 가진다. 따라서 경공부는 의로움을 실천하는 것으로 나타나야 하니, 경의는 병행되어야 한다고 말해진다. 그렇지 못하면 죽은 경, 즉 생명력 없는 경공부라고 폄하된다. 경공부를 바탕으로 삼은 의로움의 실천은 그것이 결여된 실천과 차원이 다를 수밖에 없다. 결과적으로 의롭더라도 마음가짐이 동기적으로 의롭지 않다면 의로움이 아니라고 생각한 약포와 같은 성리학자들의 의에 대한 고집과 실천에의 집념에는 종교적인 냄새가 짙게 배어 있다. 그만큼 순수한 열정이 있게 되므로, 그 공부가 성공한다면 약포처럼 편안할 때나 위험한 일을 당할 때나 한결같이 의로움으로 일관할 수 있다.

4) 전쟁의 한복판에서

(1) 위험한 일을 회피하지 않은 약포

약포가 67세이던 해에 발발한 왜란은 조선인들의 몸과 마음에 깊은 상흔을 남긴다. 67세라면 옛날 사람에 비해 훨씬 건강하게 장수하는 현대인이라도 은퇴할 시기이나, 약포는 우찬성 겸 내의원 부제조로 선조 임금을 호종하여 피란길에 오른 후 7년 동안 편안한 날이 없는 시간을 보낸다.

임란 발생 후 연속되는 패전에 넋이 빠진 조정은 왜적을 피해 도망하기에 바빴다. 백성과 국토를 버리고 안전을 위해 도망치던 집권층들은 임금의 안전을 꾀한다는 이유로 명나라 망명까지 검토하였다. 백성들은 눈물로 항변하거나 임금이 타고 가는 대가大駕의 앞길을 막아서고 돌을 던지는 등 저항하였다. 이에 국왕은 나이 든 사람들을 불러 모아 위로하고 교유하지만, 치미는 분노를 다스리지 못한 데다 당쟁에 휘둘려 쫓겨 가는 와중에도 정승을 탄핵하고 갈아치우는 국정의 난맥상을 보였다. 그 한 예가 류성룡을 정승에 임명한 지 꼭 하루 만에 파직시킨 일이다.

이들은 임진강 방어전투가 또 다시 실패하자, 평양을 버리고 영변을 향해 북상하는데 최종 목적지는 의주였다. 평양성을 버리려는 국왕을 붙잡고 약포는 눈물로 호소한다.

> 6월 10일 무술戊戌. 정원에 나아가 평양에 머물기를 청하다. 계啓하여 말하길 "국운이 불행하여 왜적이 힘을 믿고 침범하니 임금님의 수레가 피난을 위해 서쪽으로 거둥하였습니다. 겨우 한 모퉁이의 땅을 보존하고 있으니 신은 슬퍼 통곡하지

않을 수 없습니다. 그러나 이제 평양에 수레를 멈추고 성지城池를 굳게 지켜 회복하기를 도모하는 것이 참으로 득책입니다. 허나 조정의 의론이 일치하지 않아 혹은 적의 칼끝이 이미 가까이 다가왔으니 피하지 않을 수 없다 하고, 주상께서도 또한 옳다고 여기시면서 비록 대신의 말이 있어도 들어주시지 않고, 오늘 어가가 떠난다고 하니, 신은 음식을 먹어도 목구멍에서 내려가지 않습니다. 서울을 지키지 못한 것은 이미 지난 일이니 어쩔 수 없습니다만, 다행히 평양은 성곽이 조잡하나마 완전하고 백성들이 많으며 창고의 식량이 지탱할 만합니다. 대동강은 이른바 큰 강을 낀 천연의 요새이고 인민들은 거둥을 멈추기 위해 힘쓰고 있으며, 모두 적개심을 품은 채 남녀노소가 모두 나가서 성을 지키고 있으니, 이는 진실로 큰 길함이 있을 조짐입니다. 하물며 지금 이일李鎰이 병사를 이끌고 이미 당도하였고, 명나라 군대 또한 와서 구원할 것이니, 이로써 깊이 들어와 있는 적을 깨뜨리면 중홍의 효과를 서서 기대할 수 있습니다. 그러나 이곳을 버리면 대사는 물 건너갑니다. 이뿐이 아닙니다. 대가가 한 번 움직이면 평양부의 군사와 백성은 일시에 무너져 흩어질 것이고 평양성이 함락될 것임은 필연입니다.…… 엎드려 바라건대 성상께서는 반드시 출발을 멈추기로 결단하여 주십시오.

침입한 적에게 공세적으로 대처해야 한다는 주전론은 이 글 뿐만이 아니라 약포가 전쟁 내내 견지한 입장이다.

약포를 비롯한 신하들의 반대를 뿌리치고 피난을 떠나는 선조가 그나마 취한 조치는 왕세자로 하여금 임시 파견 정부인 분조分朝를 이끌고 전방에 나아가 전란을 수습하라는 명령이었다.(6월 14일) 이 분조의 비중이 결코 적지 않았음을 왕세자와 함께 파견된 사람들의 명단에서 알 수 있다. 영의정 최흥원崔興源, 형조판서 이헌국李憲國, 부제학 심충겸沈忠謙, 형조참판 윤자신尹自新, 동지 류자신柳自新, 병조참의 정사위鄭士偉, 승지 류희림柳希霖들과 함께 세자의 이사貳師[3]인 약포가 소속되어 있다. 영의정 등의 고관과 왕실의 인척이 포함된 권력을 지닌 실무형 이동 내각이었던 것이다.

이들은 교통과 연락이 단절되고 정보가 부족한 상황에서 임기응변하면서 난을 수습하는 임무를 맡는다. 분조는 왜적에게 함락된 한양의 지근거리에 있는 이천까지 접근하는 위험을 무릅쓴다. 풍찬노숙은 물론 끼니를 거르는 일도 있었고, 적들에게 둘러싸여 안위를 장담할 수 없는 상황이 연출되기도 하였다. 그런 가운데 지방관의 도주나 사망으로 인해 행정과 치안이 마비된 지역에 임시로 지방관을 임명하고 싸움에 나갈 장사들을 모집한다. 행정력이 복원되면서 조정과 연락이 끊어졌던 신하들이 모여들어 질서를 복구할 인력이 충원되었고, 의지할 곳 없던 인심이 결집하는 성과를 거둔다.

1592년 6월부터 다음 해 1월 평양성이 수복될 때까지 분조에 근무한 약포는 1593년 한 해 가까이 파병 온 명나라 관리와 장수들을 접대하는 외교관인 영위사迎慰使로 활동한다. 1593년 11월에는 다시 지방에 내려가 전쟁을 지휘하려는 왕세자를 배행하여 1594년 8월까지 근무한다. 전주 · 공주 · 홍주(홍성) 일대에서 군사들을 모아 훈련시키고, 민심을 수습할 조치들을 취하는 것이 임무였다.

1597년에 정유재란이 일어나자 그는 다시 적병이 창궐하고 있는 충청과 호남에 내려가 왕명을 전달하고 병사들의 사기를 진작시키는 역할을 자원하였다. 그의 나이가 많음을 걱정한 조정의 만류로 실현되지는 않았으나, 여기서도 안전한 곳에 숨기보다는 위험할지라도 자기가 필요한 곳에서 책임을 다하고자 한 일관된 태도를 볼 수 있다. 정온이 「정간공서원부원군정공묘지명」에서 말했듯이 그는 "어려운 일을 사양하지 않았고, 위태로운 곳을 피하지 않았다(事不辭難, 行不避巇)."

성리학의 경의敬義공부는 유학의 진리를 몸과 마음으로 체득함을 목표로 한다. 그러나 사람마다 그 성취의 정도가 다를 것임은 분명하다. 평상시에는 온순하다가도 위급한 일을 당하면 자기 본색을 드러내는 사람을 흔히 볼 수 있듯이, 평소 말로는 도덕군자였던 사람도 불이익을 당하거나 목숨이 위태로워지면 평생 배운 학문을 저버리는 경우가 많다. 자신과 가족의 안전을 위해 국왕을 버리고 도망하였던 많은 관료들이 대표적인 부류이다. 약포는 입과 귀로 하는 학문(口耳之學)을 하지 않고, 연원 있는 학문을 온 몸과 마음으로 받아들였기에(爲己之學) 배운 것과 행동이 일치했다.

(2) 전쟁의 참상과 백성 구제

금지옥엽으로 자란 국왕과 관료들은 임진왜란이 발발한 지 얼마 되지 않아 두려움에 휩싸인 채 중국에 귀부하고자 하였다. 영토와 백성을 상실한 그들을 중국 정부가 궁궐의 문지기로나 써 주었을지 궁금하지만, 그들에게 고통 받는 백성은 안중에도 없었다. 이미 전쟁 초기부터 비겁함을 보였던 선조는 전쟁 중 왜국에 사신으로 갔던 황신黃愼이 "가토 기요마사(加藤淸正) 등이 다시 군사를 일으켜 바다를 건너온다"는 보고를 전해 오자, 또다시 도망칠 궁리를 하였다. 이 소식을 전해 들은 함양 사족 고대孤臺 정경운鄭慶雲(1556~?)은 절망감을 이렇게 적었다.

> 사근찰방 김지화가 서울에서 돌아와 말하길 "황신이 밀계한 이후 임금이 크게 놀라 드디어 요동을 향해 강을 건너기로 결정하였으니, 죽음을 무릅쓰고 국난을 진압하려는 의지가 없었

다. 사간 김홍미金弘微가 간하길 '임금은 사직을 위해 죽는 것이 의로움의 바른 것입니다. 전하께서는 여기를 버리면 어디로 가실 수 있습니까?' 등의 말을 하였다. 그러자 왕은 '서서히 의론하는 것이 마땅하겠다' 고 전교하고, 사대부의 가속들로 하여금 임의로 도망하여 숨게 함으로써 앞날에 겪었던 구르고 넘어지는(顚倒) 근심이 없도록 하라고 영을 내렸다. 이 때문에 인심이 흉흉하여 조석朝夕을 보장할 수 없었다. 또한 팔도에 향을 내려 산천의 신령에게 제사함으로써 왜적이 감히 서쪽으로 향하지 못하게 하라고 영을 내렸다"라고 한다. 이것이 과연 나라를 경영하는 계책인가? 또한 "체찰사에게 하도로 내려가지 말 것이며, 급보가 있으면 세자를 배행하여 북도로 피난하라고 영을 내렸다"라고 한다. 한강 이남은 버리는 지역으로 여기니 그 말을 듣고서 나도 몰래 눈물이 흘렀다.

국왕은 희망을 주고 민심을 결집하는 존재가 아니라, 의지할 가치도 없는 절망의 존재였다.

어떤 전쟁도 예외일 수 없지만, 임진왜란 당시에 백성들이 당하였던 고통은 상상하기 어려울 정도였다. 우리는 그들이 느낀 고통을 지극히 형식적인 관변 기록이 아닌, 직접 몸으로 전쟁의 참화를 이겨 내야 했던 향반 정경운의 일기 『고대일록孤臺日錄』을 통해서 엿볼 수 있다. 이에 의하면 적을 피해 방랑하는 사람들이 겪었던 풍찬노숙風餐露宿의 괴로움은 말할 것도 없고, 가족과 친지, 친구를 잃는 일이 하루가 멀다 하고 일어났다. 정경운이 겪은 일 중 그야말로 단장의 비통함은 정유재란 때 14살 된 딸을 외적의 칼날에 잃은 참변이었다.

> 조카가 산에 가서 정아貞兒의 시신을 찾았다. 목이 반 이상 잘린 채 바위 사이에 넘어져 있었는데 갖고 있던 패도와 손이 모두 평소와 같았다. 아아! 내 딸이 어찌 이 지경에 이르렀는가? 내 처음에 왜적들이 쳐들어 왔다는 소식을 듣고는 차고 있던 패도를 끌러 주면서 "만약 불행한 일을 만나면 너는 왜적을 따르지 말라"라고 하였다. 이후로 한 번도 머리를 빗지 않고 세수도 하지 않으면서 "큰 도적이 지금 왔으니, 제가 산다는 것을 꼭 보장할 수 없습니다"라고 하였는데, 이 말을 그의 어미에게 매번 하였다고 한다. 졸지에 흉한 도적을 만나 우뚝하니 겁도 없이 도적을 꾸짖다가 목숨을 버려 절개를 온전히 하였다. 곧구나! 내 딸아. 곧은 아이(貞兒)라는 이름이 부끄럽지 않구나. 오호라! 네가 삶을 버리고 의를 택했으니, 참으로 잘한 일이구나. 그러나 나는 딸 하나도 구하지 못해 흉한 칼끝에서 목숨을 잃게 하였다. 서로 부축하고 손을 끌어 주며 피난하면서 처음과 끝을 함께하려 했으나, 다른 날 구천에서 손잡고 다시 만나면, 나는 너를 저버렸으니 무슨 면목으로 너를 위로하

겠느냐? 네가 높게 세운 절개는 내 마땅히 전傳을 지어서 알릴 것이다. 의복을 모두 잃어버려 시신을 염하는 도구가 초라하니, 통곡하고 통곡한다.

그는 『맹자』의 교훈을 빌려 삶을 버리고 의를 택한 딸을 칭송하는 선비의 자세를 보이고 있으나, "아! 내 딸이 어찌 이 지경에 이르렀는가?"라는 한탄에서 딸을 잃은 무능한 아비의 참담한 심경을 담아내고 있다. 정아의 죽음은 조정에도 알려져 정려가 내려졌으나, 그것으로 어찌 비명에 간 어린 넋을 위로할 수 있으랴.

외적의 칼날만 무서웠던 것은 아니다. 피란을 다녀야 했던 농민들은 농사일에 전념할 수 없었고, 자연재해까지 겹쳐 실농하는 일이 많았다. 굶주림에 지친 백성들은 도둑이 되어 식량을 훔치기도 하고, 인명을 살상하기도 하였다. 도둑이 될 만한 완력도 없는 사람들은 힘없이 들판에서 목숨을 놓아 짐승의 먹이가 되었고, 이는 다시 전염병을 불러와 많은 사람이 떼죽음을 당했다. 사족이던 정경운마저도 "천리千里가 텅 비어 있고, 눈에 가득한 것은 쑥대밭이며, 굶주린 백성이 들판에 가득한데 매일 수많은 사람이 죽어서 구덩이를 채우는 것이 목격되고, 길에서는 사람들이 근심하고 혀를 끌끌 차고 다니면서 삶을 즐겁게 여기는 생각이 없으니, 인민의 곤궁함이 극에 달하였다. 피난 가 있는 임금은 만리 밖의 이런 사정을 알기나 하는지?"라고 원망을 쏟아 내었다.

이런 와중에도 백성을 하시하던 것이 버릇이 된 권력자들은 토색질과 권력남용을 일삼았으니, 폭력적인 강제 부역에 시달린 백성들은 통치권에서 도망하는 것을 구명책으로 삼았다. 고위 관료들은 접대가 소홀하다고 트집 잡아 일선에서 민생을 돌보고 전쟁을 지원하던 고을 수령에게 곤장을 가하여 온몸을 만신창이로 만들어 놓았고, 자신들은 전쟁의 와중에도 주육으로 배를 채웠다. 전쟁에 필요하다는 이유로 백성들의 식량을 강탈하고, 군사를 충당하기 위해 강제로 수색하기도 하였다. 이에 더해 원병으로 온 명나라 군사들 역시 민가에 난입하여 식량과 집물을 강탈하였고, 저항하는 사람들을 반상을 막론하고 구타하였다. 이에 정경운은 내부의 적에 대한 미움을 "외적과 무엇이 다른가?" 라는 말로 한탄하였다. "이 세상을 살아가는 일이 어찌 이리도 불행한지!" "인생에 이런 비극이 있는가?" 라고 울분을 토하기도 하였다. 이몽학의 반란은 백성들의 불만을 불씨로 전쟁 중에 일어난 민란이었다.

외침과 내분이 겹칠 때 망하지 않는 나라가 없다는 역사의 교훈에 비춰 볼 때, 백성들이 삶을 즐겁게 여기지 않는 상황은 위기상황이었다. 이를 피부로 느낄 수 있던 지방 사족들 중에 위기를 타개하고자 발 벗고 나선 사람들이 있었는데, 그들에게 의지할 곳은 광해군의 분조였다. 관리와 명군들 횡포에 시달리다 못한 함양의 사족들은 전주에 진주해 있던 세자에게 상소를 올렸다. 그러나 분조 역시 뾰족한 대안을 제시할 수 없었는지, 정경운은 실망감을 토로하고 있다.

약포가 목격한 임진왜란의 참상은 눈물 없이 볼 수 없는 것이었는데, 무기력함을 느끼면서 통곡하는 심정으로 다음과 같은 시를 쓰기도 하였다.

왜적이 감히 난을 일으키니,
조선의 재앙이 되었다.
여염집들은 분탕질에 괴롭고,
논밭은 오랫동안 황폐하구나.
잔인하게 내몰린 슬한 사람들,
적의 칼날과 살촉에 횡액을 당하였다.
쌓인 시체 구덩이를 메우고,
효수된 머리가 길가에 걸려 있다.
살아남은 백성들은 놀란 새처럼 흩어지고,
굶주리는 데 술지게미 구하기도 힘들다네.
시끄러이 급하게 먹을 것을 기대하면서,
분주하게 병사들의 행렬을 뒤따른다.
군대의 비축도 겨우 자급할 정도니,
어찌 여분의 식량이 있으랴.
어지러이 많은 늙은이와 애들이,

류영柳營(류성룡의 부대 주둔지)의 주변에 엎어져 있다.

밤낮으로 수십 명이,

머리를 나란히 하고 죽어간다.

순찰하다 때로 보고 받으면,

흐르는 눈물 옷을 적신다.

매장꾼을 급히 불러,

여우나 토끼 밥이 되지 않게 하라 당부한다네.

슬프구나! 숨이 붙어 있는 자들이여,

백방으로 간장 한 병 마련하고,

다시 구걸한 멥쌀을 겸하여,

죽을 끓여 급히 살리지만,

잠시 죽음을 늦출 뿐,

개인이 은혜 베풂을 어찌 늘 할 수 있으랴.

차마 보고 들을 수 없으나,

부족하나마 내 마음을 다할 뿐이네.

倭奴敢稱亂　稔此朝鮮殃

閭閻苦焚蕩　田野久荒蕪

忍驅億萬人　橫罹鋒鏑傷

積屍溝壑內　懸首路岐旁

遺黎驚鳥散　饑餒艱糟糠

嗷嗷待哺急　奔走隨兵行

軍儲僅自給　何得有餘粮
紛紛多老稚　顚仆柳營傍
日夕數十人　騈首皆淪亡
邀巡時一報　涕淚欲沾裳
亟呼椎埋夫　毋令狐兎場
哀玆殘喘者　百計備壺漿
更乞兼稻米　作粥活恓惶
少緩須臾死　私惠詎能常
不忍於見聞　聊以罄吾腸

약포가 홍주에서 시행한 성실한 기민구제는 이런 마음이 실천된 행동이었다. 1,000여 명이 넘는 기민으로 들끓던 이곳에서 비바람을 무릅쓰고 마음을 다해 진휼을 관장함으로써 살아난 사람이 많았다고 전해진다. 늙은 스승이 애쓰는 것이 안타까웠던지 광해군은 젊은 관료에게 임무를 대신하도록 조치하였다.

(3) 재상의 조건

약포를 소개하는 글들은 일률적으로 그가 다양한 분야에 뛰어난 학자였음을 강조한다. 천문 · 지리 · 상수 · 복서 · 음양 · 병법 등 여러 분야에 능통했다고 말한다. 그러나 이런 말들 때문에 그를 몇 가지 기능을 지닌 선비로 알아서는 안 된다. 사실 그는 실무적인 인물은 아니었다. 다분히 당파적 악의가 개입되었다고 보이지만, "우의정 정탁은 본시 성품이 오활하고 재주도 낮다"라는 『조선왕조실록』의 기록이 있고, 좌의정에 임명되었을 때는 노골적으로 부적합한 사람임을 지적한 이도 있었다.[4]

그는 실무관료이기 전에 유학에 해박하고, 그 학문이 요구하는 인격을 지닌 관료, 즉 유신儒臣이었다. 약포는 30여 년간 경연에 출입할 정도로 경서에 밝은 사람이었는데, 그와 함께 경연에 입시한 기대승奇大升·정경세鄭經世·김우옹金宇顒의 면면만 보더라도 당대 최고의 학자들과 어깨를 나란히 하였음을 알 수 있다. 그의 지식과 인품은 실무에 맞는 실용적인 것은 아니되, 그런 능력을 지닌 사람들을 이끌어 주고 보호하는 바탕이었다. 본래 재상은 그 같은 사람이 담당하는 자리였다. 조선왕조의 기틀을 정립한 정도전은 『경제문감經濟文鑑』에서 재상의 직무를 다음처럼 제시하였다.

> 위로는 음양을 조화시키고 아래로는 백성을 어루만져 편안케 한다. 안으로는 백성을 공평하게 다스리고, 밖으로는 사방의 오랑캐를 누른다. 국가의 벼슬과 포상, 형벌이 그로 말미암아 판결되고, 천하의 정치와 교화, 명령이 그로부터 말미암아 나온다. 임금의 바로 아랫자리에서 국왕과 도덕을 논의하며 보

좌하고, 조정의 윗자리에서 권력을 잡고는 만 가지 사물을 주재하니 그 임무가 어찌 가벼운가? 국가의 치란과 천하의 안위가 항상 반드시 그로 말미암으니 진실로 그 사람을 쉽게 바꿀 수 없다.

재상은 온갖 일을 주재하지만, 주재하는 방법은 사람들을 두루 어루만지고 안아 주며, 도덕적 시비와 상벌의 칼자루를 쥐고 통제하는 것이지, 특정한 분야의 기능에 밝아야 되는 것은 아니다.

이 재상관에 입각하여 약포가 지닌 재상의 풍도를 잘 설명한 글이 귀록歸鹿 조현명趙顯命(1690~1752)이 쓴「정간공약포정선생신도비명」이다. 그는『서경』의「진서秦誓」, 즉 진시황의 조상인 진목공秦穆公이 신하와 백성들에게 맹세한 글의 한 구절을 압축 변형하여 약포의 인품을 그려 낸다.

만일 한 지조 있는 신하가 있어 마음을 오로지 하여 변치 않으면, 비록 다른 기량이 없어도 마음이 넓고 편안하여, 남이 기량 있음을 마치 자기가 가진 것처럼 하여 능히 우리 자손과 여민들을 보존할 수 있다.

조현명은 약포가 이 말에 가까운 사람이었다고 단언하였다.

(4) 약포공이 우리를 살릴 것이다

약포는 사람을 두루 사랑하고, 재능과 덕성을 지닌 인물들을 알아보며, 선비들에게 자신을 낮추고 너그러이 대하는 옛 대신의 풍모가 있었다. 이런 그의 인품이 임진왜란 기간에 빛난다. 1594년 9월 약포는 10가지 항목에 해당하는 인재를 천거하라는 왕명에 부응한다.

곽재우郭再祐, 김덕령金德齡, 권인룡權仁龍, 박명현朴名賢, 홍경신洪慶臣, 이광윤李光胤, 성협成浹, 정기남鄭基南, 한백겸韓百謙, 안숭검安崇儉, 오장吳長, 최운우崔雲遇, 승려 유정惟政(사명대사), 이기옥李璣玉, 양극선梁克選, 금응훈琴應壎, 홍춘수洪春壽, 정경란丁景蘭, 변홍달卞弘達, 이영도李詠道, 안몽열安夢說, 남서통南瑞通, 박이직朴而直, 정몽헌鄭夢獻, 박지인朴至仁, 남서신南瑞臣이 약포가 천거한 인물들이다. 이들 가운데에는 전란을 극복하고 국가를 재건하는 데 큰 역할을 한 사람이 많아 약포의 지인지감이 널리 칭송되었다.

그는 인재를 천거하는 데만 능한 사람이 아니었다. 억울하게 죽는 사람을 살리는 데에도 큰 역할을 하였다. 전쟁이 진행되는 가운데에도 이념적 공론이 만연하고 당쟁이 심각하여, 실수를 문책한다는 핑계로 재능 있는 사람들을 희생시킨 일이 많았다. 그 한 예가 충장공忠壯公 김덕령金德齡(1567~1596)이다. 우계牛溪 성혼成渾의 문하생이었던 그는 1593년 전라도 담양에서 의병을 일으켰다. 진주로 진출하여서는 곽재우郭再祐와 함께 권율權慄의 휘하에서 서부 영남을 방어한다. 여러 차례 적의 대군을 격파하였고 고성固城에 상륙하는 왜군을 격퇴하니, 왜적들이 그를 매우 두려워하였다. 전주에 있던 세자로부터 호익장군虎翼將軍의 칭호를, 선조로부터는 초승장군超乘將軍의 칭호를 받았다. 그러했던 그가 1596년 도체찰사 윤근수尹根壽의 노비를 때려죽였다 하여 투옥된다. 전선 사정에 밝았던 약포는 장수가 필요한 때임을 강조하는 상소를 올려 그를 구명한다. 그가 다시 이몽학의 난에 연루되어 압송되자 조사의 부실함을 지적하는 상소를 올리고자 하였으나, 고문의 후유증으로 사망하여 상소를 포기한다.

그의 활인 의지가 가장 빛을 본 것은 충무공忠武公 이순신李舜臣(1545~1598)을 구명하여 큰 공을 세울 수 있게 한 일이다. 원균과 갈등이 있던 이순신이 정유재란이 일어났던 해에 체포되어 국문을 받은 일은 널리 알려진 사건이다. 당파로 분열되어 비난을 일삼던 조신들의 모함과 이순신을 제거하기 위한 왜적들의 이간책에 말려든 조정은 유공 장군인 그를 체포하여 투옥시킨다. 왜적 섬멸을 원했던 선조의 진격 명령을 거부한 그를 임금은 "추호도 용서할 수 없다"라는 말을 거듭하면서 미워하였다. 임금의 진노와 반대 세력의 기세 때문에 누구도 그를 변호할 상황이 아니었으나, 약포는 위험을 무릅쓰고 구명에 나선다. 「신구차伸救箚」가 그 증거인데, 시조 시인 이은상에 의해 번역된 글의 한 구절을 살

한산도 충무공 유적(문화재청 홈페이지)

펴보자.

그러하온대 인재란 것은 나라에 보배로운 그릇이라 비록 통역관이나 회계 맡은 사람에 이르기까지라도 진실로 재주와 기술이 있기만 하면 모두 다 사랑하고 아낌이 마땅하옵거늘 하물며 장수의 자질을 가진 자로서 적을 막아 내는 데 가장 관계 깊은 이에 대해서 오직 법률만 가지고 논하고 조금도 용서함이 없을 수가 있사오리까. 순신은 참으로 장수의 자질을 가졌사옵고, 또한 해전과 육전에 재주를 겸비하여 못하는 일이 없사

온바, 이러한 인물은 쉽게 얻지 못할 것일 뿐더러 변방 백성들이 의지하는 바요, 또 적들이 무서워하는 사람이온대, 만일 죄명이 엄중하대서 조금도 용서할 도리가 없다 하고서 공로와 허물을 서로 비교해 볼 만한 점도 묻지 않고, 또 공로를 더 세울 만한 능력이 있고 없음도 생각하지 않고, 그리고 그간 사정을 찬찬히 살펴봄도 없이 끝내 큰 벌을 내리는 데까지 이르게 하오면, 앞으로는 다른 모든 공로 있는 자들도 스스로 더 나아가지 않을 것이요, 능력 있는 자들도 또한 스스로 더 애쓰지 않을 것입니다.

이런 노력들이 합쳐져서 이순신은 목숨을 건지고 백의종군한다. 백호白湖 윤휴尹鑴는 「통제사 이충무공의 유사」(統制使李忠武公遺事)에서 이때의 상황을 이렇게 기록하였다.

마침내 2월에 순신이 체포되었다. 이원익이 또 치주馳奏하기를, "적이 두려워하는 것은 수군이요, 수군이 믿는 사람은 순신이니, 순신은 움직여서는 안 되고, 원균은 써서는 안 됩니다" 하였으나, 듣지 않았다. 순신이 결박된 몸으로 길에 오르자, 군민軍民 남녀노소가 모두 나와 길을 막고 부르짖어 통곡하며 말하기를, "우리는 죽게 되었다"라고 하였다. 마침내 순신을 하옥하여 고문하고 장차 사형에 처하기에 앞서 상이 뭇 신하들에게 묻자, 판중추부사 정탁이 말하기를, "군사 기밀의 이해관계는 멀리서 헤아릴 수 없습니다. 순신은 명장이니, 그가 요격하지 않은 데는 반드시 어떤 의도가 있었을 것입니다. 온 강역이 조용하지 못한 이때에 까닭 없이 대장을 죽이는 것은 국가의 원대한 계책이 아닌 듯하니, 청컨대 우선 용서해 주어 후일의 성과를 책임지우소서" 하니, 상 또한 그의 노고를 생각하여 이에 감사減死하고 관직을 삭탈하여 백의종군하면서 스스로 공을 이루도록 명하였다. 이에 순신은 도원수 권율의 막하로 들어갔다.

이순신이 겨우 12척 남은 함선을 이끌고 명량해전에서 대승을 거두어 제해권을 회복한 것은 다음의 일이니, 약포의 구명이 없었다면 해전의 승리도 없었다.

이신순의 구명에만 주목하면 그가 원균 또한 변호하였음을 간과하기 쉽다. 그는 현장 경험이 많은 원로답게 원균의 가치를 잘 알고 있었다. 그는 왜적이 가장 두려워하는 것은 수군이고, 원균은 그 수군의 사졸들이 따르니 기용할 만한 장수라고 보았다. 그래서 그의 잘못을 물어 벌을 주면 수군들이 무너져 앞날을 장담할 수 없다고 주장한다. 이순신과 원균 모두 탁월한 장수이니 둘 중의 하나를 선택해서는 안 되고, 둘 다 중용해야 한다는 것이 그의 견해였다.

이 외에도 그는 정여립 모반사건이 일어난 뒤 정여립을 천거하였다거나, 같은 집안이라는 이유로 죄를 뒤집어쓰고 파직되었다가 사망한 노수신盧守愼(1515~1590)과 정언신鄭彦信(1527~1591)의 억울함을 임금 앞에게 거론하여 후일 누명을 씻는 단초를 마련하였다. 임진왜란 발생 직후 국도를 북쪽으로 옮겨 보존을 도모하자는 주장을 수창하였다가 탄핵을 받고 재상에서 파직되어 귀양을 갔던 이산해李山海(1539~1609)의 사면도 주선하였다. 권율과 같은 사람이 탄핵을 당할 때마다 약포는 그들을 위해 호소함으로써 사면되거나 감형되도록 하였다.

그가 형조판서에 임명되었음을 기록한 「연보」 63세조는 천성이 진실하고 공정하며 자상하고 슬퍼할 줄 아는 약포가 누차 형조와 사헌부에 들어가서 관대한 처벌을 건의하거나 형벌을 바로잡았음을 특기하고 있다. 그래서 옥에 갇혀 앞날을 알 수 없는 사람도 "오직 약포공만이 나를 살릴 수 있다"라는 믿음을 가졌다고 전한다. 이런 일은 사람을 살리고자 하는 어진 마음, 일신의 안위를 돌보지 않는 굳센 의로움과 용기가 없다면 할 수 없다. 임진왜란의 와중에서 더욱 그의 어질고 의로움이 빛을 발하였으므로, 그가 사망하고 나서 곧바로 작성된 사제문은 이험일절이라는 말로 그를 평가하였다.

5) 자기 버림에서 비롯된 청렴함

(1) 나가고 물러남에 더러움이 없었다

이해타산을 고려치 않고 오로지 최선을 다해 도의를 실천하여야 한다는 의리사상의 소유자들은 이해의 첨예한 대상인 자기 생명과 가족, 재물과 관직 등에 대해 어떤 태도를 취하는가에 주목한다. 특히 이익을 얻는 가장 막강한 수단으로 악용될 수 있는 관직에의 진출과 물러남을 뜻하는 출처出處에 어떠한 태도를 보였는가가 그 사람을 평가하는 기준으로 사용되었다. 약포가 나가고 물러남에 더러움이 없었다(進退無垢)는 것은 벼슬에 나가고 물러남에 있어서 한결같이 의리에 맞도록 했다는 말이다.

정온은 특히 이 점을 높이 평가하여 "만년의 절개(晩節)에 이르러서는 또한 능히 자신의 몸을 보존하여 물러나 산림에서 편안하여, 마치 세상의 일에 뜻이 없는 사람과 같았으나, 조정의 득실에 대한 소문을 들으면 근심하고 기뻐함이 마치 조정에서 그 직책을 맡은 사람과 같았다"라고 하였다. 『조선왕조실록』에 실린 약포의 졸기 역시 "임금을 뒤따른 공(扈聖功)으로 높은 자리(崇品)에 오르고 얼마 후에 재상으로 발탁되었다. 이에 상소하여 물러가기를 청하였으니 고인들이 벼슬에서 물러나던(致仕) 기풍이 있었다. 작위를 탐하여 늙어도 물러가지 않는 자에 비하면 차이가 크다"라고 칭찬하였다.

70살이 되면 벼슬을 사양하고 물러나는 법이 있었는데, 그것이 쉽지 않았음은 그런 인물이 드물었다는 데서 짐작할 수 있다. 이수광李睟光은 『지봉유설芝峯類說』에 다음과 같이 썼다.

> 70세에 치사하는 것이 법이었는데, 조종조 이래로 치사한 자가 대개 드물었다. 대신이 연로하여 물러가기를 청하면 안석과 지팡이를 하사할 뿐이었다. 근세에 재신宰臣으로서 치사한 자는 오직 팔계군八溪君 정종영鄭宗榮·영부사領府事 심수경沈守慶·정탁鄭琢·영원군寧原君 홍가신洪可信뿐이었다.

따라서 70세에 치사하는 인물은 욕심을 버린 깨끗한 인물로 칭송되었고, 약포는 그런 인물 중의 한 사람이었다.

이런 태도는 자기 버림이 없이는 불가능한 일이다. 욕심이 많은 이는 어질게 남에게 베풀거나 포용력을 발휘할 수 없고, 자기 안전과 이익이 위협을 받는 상황에 처하면 용기를 발휘할 수 없다. 그래서 마음을 비워야 한다고 말한다. 그러나 이때의 자기 버림 또는 마음을 비움이란 줏대도 없어야 한다는 말이 아니다. 옳고 그름에 대한 확신만큼은 마음속에 굳세게 갖추고 있어야 한다. 그런 확신이 없는 관용의 능력은 필부의 관용이다. 약포는 말한다.

> 부귀, 이익과 출세함은 운명에 달린 것이다. 단지 나에게 있는 것을 다할 뿐이다. 배우는 자는 항상 '먹을 때 배부르길 구하지 않고, 처함에 편안함을 구함이 없으며, 일에는 민첩하고 말은 삼가며, 도道가 있는 곳에 나아가 바르게 살겠다' 고 마음먹을 뿐이다.

버려야 할 것은 사심 · 사욕이고, 굳게 가져야 할 것은 나에게 있는 것인 도道 즉 진리이다.

그가 사욕이 없는 청빈한 삶을 몸소 실천하였음을 『조선왕조실록』은 공인하였다. "사람됨이 청렴하고 소탈하여 욕심이 적어 남과 다투는 일이 없었다. 그러므로 재상으로 있다가 물러나 시골에서 늙어도 사람들이 그가 그전의 상공相公인 줄을 알지 못하였다." 자기 버림의 의식이 강했던 그는 남에게 권위를 가지고 군림하고 싶어 하지 않았다. 그가 고평에서 말년을 보낼 때의 이야기는 그의 이 같은 성품을 잘 보여 준다. 자주 내성천에서 낚시를 하면서 소일하던 그가 어느 날 저녁 해가 넘어갈 때까지 낚시를 하고 있었다. 어디서 온 초립둥이가 약포를 몰라보고 불렀다. "저기 낚시하는 노옹老翁, 저 건너에 약포가 사는가?" 하고 물었다. "그렇습니다만…… " 약포가 대답하였다. 초립둥이 왈曰, "내가 약포에게 볼일이 있어 가는데 나를 좀 업어 건너 주게나." 허름하기 짝이 없는 촌로의 모습을 보고 그가 전임 정승인 줄은 꿈에도 생각하지 못하였으리라. 약포는 초립둥이를 업고 물을 건네주었다. 거의 다 건너갈 즈음 초립둥이가 물었다. "요새 약포는 무슨 일로 소일하시는가?" 약포는 태연하게 대답했다. "요새는 낚시를 즐기다가 초립둥이도 업어서 물을 건너게 해 준답니다."

이런 태도는 일시적인 것이 아니었다. 당쟁의 와중에 서 있으면서도 초연한 입장을 취한 것 역시 자기 없음을 실천하였다는 증거이다. 퇴계 문인으로 동인에 속했으나 중립을 취했던 그는 서인의 영수 오음梧陰 윤두수尹斗壽(1533~1601)와 도의지교道義之交가 두터웠다고 한다. 당파보다는 국사와 진리가 우선이라는 그의 신념은 「이동변異同辯을 심공직沈公直(沈忠謙, 1545~1594)에게 준다」는 글에 잘 나타난다.

심의겸沈義謙의 아우이자 부제학으로 분조에 함께 근무하였던 심충겸은 약포와는 사적으로는 좋아하고 공경하는 사이였지만, 의견이 달라 충돌하는 일이 많았다. 남들이 두 사람 사이가 멀어질까 걱정하자, 약포는 "천하에 진리는 무궁하니 사람의 소견이 간혹 같지 않을 수 있다"라고 하여 이견이 있음을 당연시한다. 그러고 나서는 "군자는 두루 포용은 하되 아첨은 하지 않는다"라는 『논어』의 격언이 옛날의 도가 아니냐고 심충겸에게 동의를 구하고 있다.

(2) 고평 제방과 고평동계

벼슬을 그만두고 그리운 고향에 돌아왔다고 하여도 전란의 후유증을 수습하기 위해 약포가 해야 할 일은 많았다. 고향으로 돌아가는 약포를 전송하며, 최립이 읊은 시에 다음과 같은 구절이 있다.

> 역로에 즐비한 참담한 광경 가는 곳마다 놀랄 텐데,
> 집안의 뜨락에 들어서도 옛 모습 보시기 어려우리.
> 驛路動驚多慘惔　丘園行見少依俙

임진왜란이 초래한 사회경제적인 피폐와 극복의 노력에 대해서는 이미 많은 연구서적들이 나와 있지만, 전쟁의 참상은 일상의 크고 작은 일에까지 어두운 그림자를 드리우고 있었다. 유교적 가치관을 습속으로 받아들이고 있던 조선인들이 더욱 용서할 수 없었던 전쟁범죄는 사람을 죽여 자손이 끊기도록 했거나 조상의 사당과 묘소를 파괴한 일이었다.

전쟁 기간 중 집안 일가나 친구의 부고에도 대응할 수 없었던 약포가 고향에 돌아와 제일 먼저 한 일은 선대의 묘소에 성묘하는 일이었다. 그런 후에 그는 외조부모의 사당을 재건하고 제사를 모신다. 후손이 없어 며느리의 친정에 가 있던 외조부모의

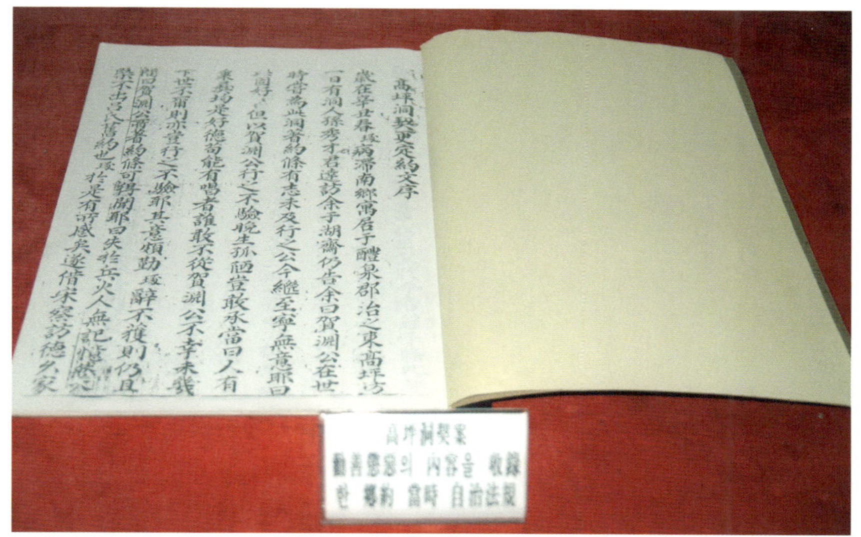

「고평동계갱정약문서」

신주를 모셔 올 사당을 새로 짓고, 외손봉사를 위한 제위답을 배정하는 등의 조치를 취함으로써 외조부모의 사랑에 보답하고자 한다.

그는 고평마을을 위해서도 여러 업적을 남긴다. 내성천이 범람하면 물에 잠기던 고평의 들에 제방을 쌓는 일을 주도한 것이 그 하나이다. 지금도 약포종가 앞의 내성천 둑안에 고평제가 남아 있어 그 옛날 재상이 기울인 노고를 느낄 수 있다.

또한 중국의 여씨향약과 퇴계의 예안향약을 참고하면서, 시대적 상황에 맞게 변경한 고평향약을 제정하고 고평동계를 조직한다. 본래 농암聾巖 이현보李賢輔의 넷째 아들로서 강원감사를 지낸 이중량李仲梁(1504~1582)이 만들었으나, 병화로 망실되었던 것을 다시 제정한 것이 고평동향약이다. 오륜을 미덕으로 여기고 가족과 이웃의 화목과 상조를 도모한다는 점에서는 다른 향약과 다를 바 없다. 다만 전쟁으로 황폐해진 향촌사회를 재건하는 조치들을 첨가하였다는 점에서 남다른 특징이 발견된다. 다른 향약에서는 쉽게 볼 수 없는 근왕의 마음과 통치 질서 회복 의지를 강조하고 있다.

권면조勸勉條에서 애국심을 고취한 조목은 다음과 같다.

> 충성을 다하여 임금을 섬긴다.(盡忠事君)
> 자기를 잊고 국가와 운명을 같이한다.(忘身殉國)
> 창의하여 왜적에 복수한다.(倡義復讎)
> 공을 먼저 하고 사를 뒤로 한다.(先公後私)
> 국가에 바치는 부세賦稅를 삼가 납부한다.(愼納賦稅)
> 용기 있게 의를 행한다.(勇於爲義)

금제조禁制條도 애국심 내지 복종심을 강조하는 가운데 상민들의 권익을 보호하려는 의지가 드러난다. 이와 관련된 조항만 보면 다음과 같다.

> 망령되게 조정의 시비를 논하는 일(妄議朝廷是非)

고을 수령의 득실을 경솔하게 논하는 일(輕論州縣得失)

관의 명령을 어기는 일(違犯官令)

금지된 산의 나무를 마음대로 벌목하는 일(擅伐禁林)

토지의 경계를 무단 침범하는 일(侵占田疆)

곡식을 기르는 곳에 방목하는 일(放牧禾稼)

남의 재산을 빼앗는 일(攘奪人財)

이 무렵에 그의 제자이자 외손녀 사위인 황여일黃汝一(1556~1622)이 군수로 부임해 왔으니, 약포의 고평 활등에 많은 도움을 주었을 것으로 추측된다.

6) 선조 임금 사제문

약포가 사망하자 국왕 선조는 예조좌랑 조정趙靖을 보내 제사를 지내게 하였다. 이때 지어 보낸 사제문은 약포의 사후에 처음으로 만들어진 공식적인 평가 문서로서, 후대의 평가는 대부분이 글을 모범으로 삼고 있다. 그의 인품과 일생을 잘 정리하였으므로, 이것으로서 본장의 결론을 대신하고자 한다.

아! 혼령이시어. 唯靈

인품은 조용하고도 깊었으며, 德宇靜深

타고난 바탕은 온화하고 너그러웠으며,	性資和裕
온순함과 선량함으로 자기를 검속하고,	溫良檢己
움직임은 법도에 따랐다.	動遵規度
일찍부터 호종의 대열에 서니,	蚤列法從
한 시대의 큰 그릇이었다.	爲時偉器
틀은 원만하여 응체됨이 없었고,	機圓不滯
해야 할 말은 부지런히 정성을 다했다.	言論亹亹
도량이 커서 버리는 사람이 없었고,	量大無遺
판단의 크기는 크고도 컸다.	剖判恢恢
세상을 경영하고자 하는 뜻과	經世之志
사물의 질서를 잡을 수 있는 재주를 지니고,	鎭物之才
궁궐에서는 온화한 모습을 보였고,	雍容禁闥
경연에 참여하여 국가대사를 상의하였다.	密勿經幄
온종일 게으름 피지 않았고,	夙夜匪懈
생각을 다한 데다 충성스런 마음을 더하였다.	思盡忠益
사헌부의 총마驄馬요,	霜臺驄馬
홍문관의 금련金蓮이라.	玉署金蓮
띠를 드리우고 홀을 바로 하면서,	垂紳正笏
탁월한 행보 끊이지 않았다.	卓步聯翩
나가서 한 지역을 맡아서는,	出寄方面
어진 정치를 베푸니 대낮에도 관청이 고요하였고,	棠陰晝靜

조정에 돌아와 인사권을 잡으니,	入持銓衡
샛길로 다니는 자가 없었다.	李下無徑
벼슬자리 두루 거쳤으나,	歷試周行
뭇 사람의 바람에 모두 부합되었다.	僉望偕符
재상의 자리에 오르고,	超登黃閣
중추부에 발탁되었는데,	擢授鴻樞
치우침도 기울어짐도 없어,	無偏無陂
공도가 저울처럼 공평해졌다.	公道衡平
격하지도 않고 부화뇌동하지도 않았으니,	不激不隨
훌륭한 평판 오래도록 변치 않으리라.	令聞永貞
관료들의 모범이었고,	群僚是式
과인의 덕은 그대를 우러러 이루어졌도다.	寡德仰成
물을 건네주는 배와 같았고,	若涉爲舟
가뭄 끝에 내리는 장맛비 같았다.	若旱爲霖
예전에 있었다고 들었던 것,	聞諸在古
내 오늘 여기서 보았네.	見之斯今
창황 중에 말고삐를 잡고,	蒼黃鞿靮
잠깐 초야에 피란할 때에,	頃在草莽
경은 나를 수행하면서,	卿能隨予
자기 몸은 돌보지 않았다.	匪躬之故
힘과 마음을 다해,	宣力悉心

동궁을 보호하였으니,	保護春宮
편안할 때나 위험할 때나 절의를 한결같이 하여,	一節夷險
처음이 있고 끝이 있었다.	有始有終
오랜 세월 이름을 이정彝鼎에 새겨 전할 만한	百年彝鼎
수많은 공적을 쌓은 후에,	茂績豊功
이에 경은 늙었음을 아뢰었고,	卿乃告老
사퇴하는 상소가 여러 번 이르렀다.	封章累至
내 비록 현인을 탐하지만,	予雖貪賢
경은 참으로 멈춤을 알았으니,	卿實知止
애써 그대의 진실한 뜻을 따라,	勉循誠意
나랏일에서 벗어나길 허락하였다.	許謝機務
시골에서 넉넉하게 한가하니,	田里優閒
나가고 물러남에 허물이 없었도다.	進退無垢
비록 그대가 조석으로	雖非朝夕
나의 옆에 없었으나,	在予左右
나라에 큰일이 있으면,	國有大事
자문을 구할 원로로 의지하였다.	恃爲元龜
어찌하여 이런 노성한 사람을	如何老成
하늘은 남겨 두지 않는가?	天不憖遺
나라가 고달픈 상황이라,	邦其殄瘁
그대를 생각하면 마음이 슬퍼지네.	予懷之悲

사람을 보내 대신 제물을 올리고 술을 따르니, 代奠泂酌
혼령께서는 내 마음을 아시리라. 靈必有知

【약포 정탁의 주요 이력】

나이	연도	관직
01	1526(중종 21)	출생
27	1552(명종 7)	생원시에 합격
33	1558(명종 13)	문과 급제
35	1560(명종 15)	교서관 정자
36	1561(명종 16)	성천 및 진주 향교 교수
40	1565(명종 20)	전적 및 정언
41	1566(명종 21)	예조정랑
42	1567(명종22)	부수찬, 병조좌랑, 예조좌랑, 헌납, 지평, 수찬, 부교리, 교리
43	1568(선조 1)	헌납, 지평, 병조정랑
47	1572(선조 5)	이조좌랑
48	1573(선조 6)	이조정랑, 사인, 장령, 사간, 집의
49	1574(선조 7)	부응교, 동부승지
50	1575(선조 8)	도승지, 예문관직제학 상서원장
52	1577(선조 10)	대사성, 예조참의, 강원도 관찰사

54	1579(선조 12)	도승지
56	1581(선조 14)	대사헌, 이조참판
57	1582(선조 15)	한성판윤, 진하사進賀使로 중국에 감
58	1583(선조 16)	대사헌, 공조판서
60	1585(선조 18)	예조판서, 대사헌, 이조판서
63	1588(선조 21)	형조판서, 이조판서
64	1589(선조 22)	병조판서, 우의정의 임시 직함(假銜)을 가지고 중국에 사신으로 감
65	1590(선조 23)	예조판서, 지중추부사
66	1591(선조 24)	우찬성겸지경연춘추관사
67	1592(선조 25)	임진왜란 발발, 세자이사世子貳師로 분조 호종
68	1593(선조 26)	명나라 장수 위로하는 영위사迎慰使, 명나라 사신 맞는 원접사遠接使, 『용만문견록』 상신, 11월 세자 호종
69	1594(선조 27)	우의정
71	1596(선조 29)	김덕령 구명, 중국 사신 전위사餞慰使
72	1597(선조 30)	이순신 구명
73	1598(선조 31)	기로소耆老所에 들어감, 낙향
75	1600(선조 33)	좌의정(부임하지 않고 사직), 판중추부사
76	1601(선조 34)	고평동 계약문契約文, 읍호정 건축
78	1603(선조 36)	영중추, 치사 윤허

79	1604(선조 37)	서원부원군, 호성공신 3등
80	1605(선조 38)	졸
	1613(광해군 5)	위성공신 1등, 영의정 추증
	1635(인조 13)	정간공 시호

4. 약포의 후손들

1) 약포가 자손들에게 가르친 교훈들

벼슬을 위해 집을 떠나 있던 약포는 모든 자손들을 직접 가르칠 수는 없었으므로, 대신 편지글을 통해 자제들을 지도한다. 따라서 그가 자손들에게 베푼 가르침은 서신들을 통해 짐작할 수 있다. 그는 자손들에게 사랑을 보이면서도 엄한 부조父祖의 모습을 잃지 않는다. 유교시대를 산 사람답게 그는 "독서를 부지런히 하고 쉬지 않아, 때가 되면 이름을 날려야 하고, 주어진 삶을 허송하지 말라" 라고 가르치고, "일념으로 충효가 가장 큰 법도라고 생각할 것" 을 당부한다.

이에 그치지 않고 그는 그 자신이 배우고 몸소 실천한 성리학의 진리들을 실천하도록 훈계한다. 그의 교훈은 크게 세 가지 정도로 정리된다. 우선 약포가 배운 연원 있는 학문의 핵심이 경의敬義에 있었듯이 그는 자손들에게 경의의 자세로 삶을 살아가도록 부탁한다.

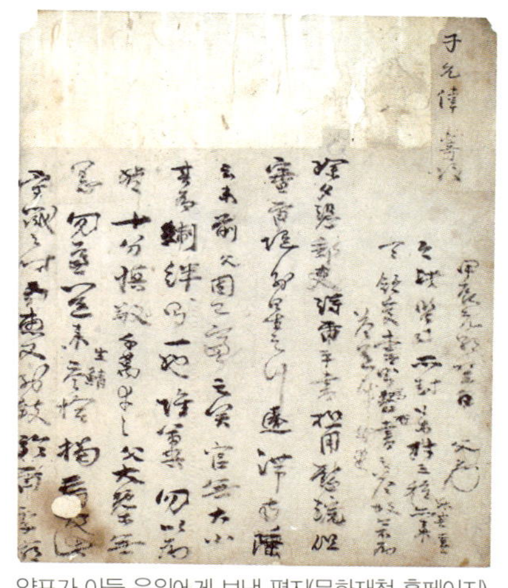

약포가 아들 윤위에게 보낸 편지(문화재청 홈페이지)

시사時事와 인정이 날로 점점 근심스러워지니 너는 십분 근신하는 자세로 살기 바란다. 남을 대할 때에 더욱 신중하고도 삼가는 태도를 가진다면 천만다행이겠다. 경敬이라는 한 글자는 성현이 가르친 학문의 처음과 끝을 이루는 것일 뿐이 아니라 마땅히 일거수일투족에 경하지 않을 바가 없다. 너에게 깊이 바라고 바란다. 애비는 근래 심기가 고르지 않은 증세가 있어 조금이라도 어지러운 일이 있으면 병이 될 것 같아 스스로도 이로써 조정할 뿐이다. 그러나 너의 덕성이 날로 새로워진다면 애비의 마음 또한 편안해질 것이니 병이 어디서 생기겠느냐?

너에게 바라는 바는 오로지 직책으로 맡은 일을 삼가는 태도로 수행하고, 조금도 지나친 행동이 없어야 한다는 것이다. 몸 또한 신중히 조섭하여 병이 없다면 정말 다행이겠다.

경은 마음을 다스려 한 터럭의 잘못된 마음도 없기를 추구하는 공부이다. 그는 이 삼가고 두려워하는 태도를 남과 같이 살아가는 세상살이에도 적용하기를 바라고 있다. 매사에 신중하고 조심성스러운 태도를 가지고 살아야 한다는 것이니, 남 탓하기보다는 내 탓으로 수렴하면서 묵묵히 자기 책임을 다해 온 약포다운 가르침이라고 하겠다.

다음으로 그는 사사로움을 멀리하고 공을 우선시하라고 가르친다.

이미 이전에 보낸 편지를 받아 보았는데, 지금 다시 편지가 이르니 네 형편을 자세히 알겠구나. 맡은 직책을 무사히 수행하고 있다니 정말 위안이 된다. 전에 여러 가지 물건을 보냈는데, 지금 또다시 청어를 보내 제사의 제물로 쓰게 하니 고맙고 기쁜 마음이 교차한다. 단 염려되는 것은 관직에 있는 사람은 공을 우선으로 여겨야 하고, 비록 사사롭게 절실한 것이 있어도 그것은 다음의 일이다. 네 관아의 하인이 네가 어버이를 봉양한다는 이유로 빈번하게 집에 왔다 가는데, 너무 지나치고 내 마음이 불편하다. 네가 십분 헤아릴 수 있다면 정말 다형이겠다.

이 선공후사先公後私는 경의 태도와 무관하지 않다. 경의 자세 역시 공은 선이고 사는 악이라는 기준을 가슴 깊이 간직하고, 일상적으로 실천하는 태도이기 때문이다. 단 이렇게 말함으로써 경공부에 함축되어 있던 선악의 실체를 명료하게 하여 실천을 촉구할 수 있다.

마지막으로 외침을 겪었고 공신이 되었던 사람답게 나라에 충성할 것을 교훈으로 주고 있음이 주목된다.

나라의 은혜가 산처럼 무거운데, 보답할 길이 조금도 없구나. 그러나 내 자손이 있으니 임금을 사랑하고 나라를 걱정하는 내 정성스러운 마음을 알아서 계승하는 사람이 나올 수 있다면 나는 죽어도 여한이 없겠다.

약포의 가르침은 세대를 넘어 전수된다. 후손들은 국가에 대한 충성심을 가장 중요한 덕목으로 여겼다. 그리고 경의敬義에 맞는 선비의 삶을 살아가면서 빈한함에도 절개를 변치 않고자 노력하였음을 그의 아들들에서부터 살필 수 있다.

2) 정윤위와 정윤목

약포는 아들 셋과 딸 하나를 두었다. 첫째는 정윤저鄭允著(1561~1586)이고, 둘째는 정윤위鄭允偉(1564~1629)이며, 셋째는 정윤목(1571~1629)이다. 딸은 종실 덕원도정 이추李樞에게 시집갔다. 장남 윤저는 타고난 재주가 뛰어나 뭇 사람들의 기대를 받았으나, 꽃피우지 못한 채 약관의 나이에 사망한다. 그가 낳은 1남 1녀도 그보다 먼저 요절하였으니, 부인이 정윤목의 아들 정시영鄭時榮을 양자로 들여 정윤저의 제사를 모시도록 하였다. 정시영은 영천(영주)으로 이주하여 서원정씨의 근거지를 넓혔고, 이 집안에서 황해도 관찰사를 지낸 정옥鄭玉이 출생한다.

정시영이 양자로 들어오기 전 약포의 제사는 집안 회의를 통해 둘째 아들 정윤위에게 맡겨졌다. 그래서 첫째 집안은 정윤저의 제사만 모셨고, 둘째 정윤위의 집안이 약포의 제사를 모시는 종가가 되었다. 동호주인東湖主人이라고 자호한 정윤위는 아우 정윤목과 함께 서애西厓 류성룡柳成龍과 한강寒岡 정구鄭逑의 문하에서 배웠다. 약포가 벼슬하기 위해 서울에 가 있는 동안 예천의 집안일을 돌보는 일은 그의 몫이었다. 피난지에서 고평으로 돌아옴으로써 서원정씨 고평파가 있게 한 이도 그이다. 부친의 교훈을 저버리지 않은 그는 아버지로부터 "너는 평생 의를 행하는 데 용감했다"고 인정받을 만큼 의기 있는 사람이었다. 행위를 경의 자세로 일관하고자 힘쓴 그는 유학의 서적을 즐겨 읽고 역학易學에 깊은 이해를 가지고 있었다.

호가 청풍자淸風子인 정윤목은 사촌 정윤해鄭允諧(1553~1618, 호는 鋤歸子)와 함께 서울에 오랫동안 머무르면서 아버지를 모셨다. 중국에 사신으로 가는 아버지를 배행하였고, 임진왜란 중에는 분조로 아버지를 찾아가 모셨으니, 아버지의 영향을 가장 많이 받은 아들이다. 초서에 능하였으니, 약포의 저술 『용만일기』에 초서로 쓰인 부분이 그의 글씨이다. 그의 필적을 약포 역시 자랑스럽게 여겨 자신이 지은 글을 아들의 필적으로 정사하도록 하고 있음을 본다. 약포는 아버지의 기대를 담은 편지를 보내기도 한다. "어지러운 세상에 걱정스러운 마음을 말로 표현할 수 없구나. 오직 믿는 사람은 너뿐이다. 너는 뜻이 멀고도 커서 눈앞의 일에 집착하지 않으니 내 마음에 조금 위안이 된다."

전쟁이 종결된 후 삼강리에서 제자를 가르치며 시와 글씨로 여생을 보낸 그는 풍양면 삼강의 서원정씨 입향조이다. 삼강강당三江講堂에는 지금도 그가 중국의 수양사首陽祠에서 모사해 온 '백세청풍百世淸風' 이라는 큰 글씨가 걸려 있다. 『청풍자선생문집淸風子先生文集』이 남아 있고, 도정서원道正書院에 종향되었다.

그런데 좌의정 직함까지 받았던 약포에 비해 두 아들의 관직은 미관말직에 머물고 있음이 눈에 띈다. 정윤위는 여러 번 찰방 벼슬을 받았고, 마지막에는 주부主簿로 벼슬을 마친다. 아버지의

정윤목이 모사해 온 백세청풍 현판(삼강강당)

기대를 한 몸에 받았던 정윤목 역시 만년에 소촌 찰방으로 잠깐 근무하였다. 분조에 있을 때 광해군과는 같이 먹고 잘 정도로 친밀한 사이였으나, 친분을 이용한 벼슬살이는 그가 바라는 바가 아니었고, 또 광해군의 실정에 실망하였기 때문이라고 한다.

이런 모습은 사촌인 정윤해에게도 발견된다. 숙부인 약포를 따라 서울에 오래 거주하였던 조카 정윤해는 학행으로 여러 사람의 공경을 받았던 사람이다. 스승인 한강 정구의 추천으로 선조 임금에게 참봉벼슬을 받았고, 정유재란 때에는 태조 이성계의 어진을 관동으로 모셔 원종공신 3등으로 공신녹첩을 받았으나, 광해조에서는 벼슬을 버리고 함창에 은거하였다.

벼슬자리를 마다한 이들의 선택은 정윤목이 수양사에서 모사해 온 백세청풍이라는 글씨의 의미를 통해 이해할 수 있다. 수양사는 중국의 은말주초에 살았던 백이伯夷와 숙제叔齊를 모신 사당이다. 이들은 주나라 무왕이 은나라를 멸망시키려 하자 말고삐를 잡고 만류하였다. 무왕이 그들의 간청을 들어주지 않자, 주나라의 곡식을 먹고 살지 않겠다고 다짐하고는 수양산에 들어가 고사리로 연명하다가 굶어 죽으니, 후인들이 절의의 상징으로 여겼다. 그들의 행위를 상징한 백세청풍 즉 '영원히 빛날 깨끗한 절의'를 뜻하는 글씨를 베껴 왔다는 것은

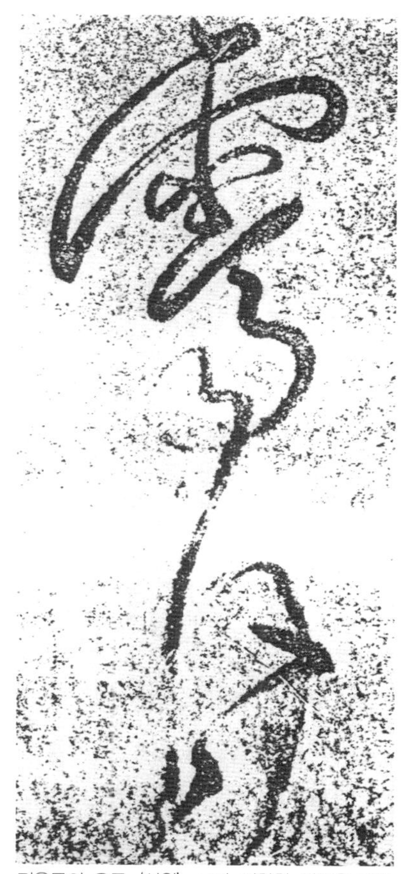

정윤목의 유묵 '설월'. 그가 지향한 인품을 가장 잘 형용하는 말이다.

모사자가 무엇을 인생에서 가치 있는 일이라고 여겼는지를 암시한다.

절의 또는 의리는 은혜를 준 사람에 대하여 변치 않는 신의로 살아가는 자세이다. 관료들이 국왕으로부터 벼슬을 받는 것도 은혜의 하나이다. 이 시각에서 보면 무왕은 이미 은나라의 큰 은혜를 입은 사람이니 은나라를 멸망시킨 것은 배신이고 의리를 저버린 행위이다. 반면 백이숙제는 국가의 은혜를 갚고자 주나라에 복종하지 않았으니 절의를 지킨 사람이 된다. 이 절의는 유학의 시대에 생활규범이었다.

특히 한 인물이 의리를 실천하였는지의 여부를 따질 때에는 관직에 나가고 물러남(進退), 가치 있는 어떤 것을 주고받는 태도(辭受)를 살펴보았다. 누군가로부터 무엇인가를 받아들인다는 것은 은혜를 입는 것이고, 그 대가로 신의를 지키면서 배신하지 않아야 했다. 따라서 주고받는 것을 신중히 함으로써 관계를 맺을 사람을 엄정하게 선택해야 한다. 내 스스로가 그를 위해 신의를 지키면서 최선의 헌신을 다할 자격이 없거나, 상대가 나의 헌신을 받아들일 만한 인물이 아니라면 받지 말아야 한다. 정윤목이 보여 주는 자유정신은 이를 뜻한다.

> 내가 들으니 재주 있는 사람은 남을 부리고, 재주 없는 사람은 남에게 부림을 받는다고 한다. 내 이미 재주가 별로 없고 행실

이 전혀 없으니, 이와 같음에도 윗자리에 앉아 남을 부리면 상서롭지 않다. 또한 빈천은 내가 편안해하는 바인데, 부귀를 누리면서 남의 속박을 받느니, 어찌 내가 즐기는 바를 따라 하늘이 버린 사람이 되는 것만 하겠는가?

자기 분수를 찾아 가외의 분수를 버리면 자유로워진다. 뜻이 맞지 않는 권력자의 주구가 되어 자기 인격까지도 상실하는 것보다는 자기의 부족함을 명분으로 시골에서 유유자적하는 자유의 삶을 살면서, 자기 본성과 도를 온전히 하는 것도 가치 있는 삶이라고 그는 생각한 것이다. 그의 자유는 인륜의 삶에서 이탈하는 자유가 아님을 그의 또 다른 시를 통해 알 수 있다.

동작을 어찌 근엄하게 하지 않으리,	動作豈不嚴
열 눈이 바라보고 열 손가락이 가리키는데.	十目十手指
남아의 일은 충효일 뿐이니,	男兒忠孝耳
누가 말단의 기예를 공부할까?	誰爲事末技
순임금의 무리가 되고 싶은 사람은	欲爲舜之徒
부지런히 밤에도 일어나서 선을 행한다네.	孳孳中夜起
바른 길을 어찌 하여 가지 않으랴?	正路何不由
편안한 집이 여기 있는데.	安宅在於此
진실로 한 가지 선을 얻을 수 있다면,	苟能得一善

정성스럽게 붙잡고 죽은 뒤에 그친다네.　　拳拳死後已

그는 충효의 가치를 부정하지 않는다. 그보다는 정의롭지 못한 인간관계에서 벗어나 깨끗한 삶을 살겠다는 의미에서의 자유를 누리고자 하는데, 경敬의 자세는 여기서 중요한 삶의 태도이다. 그의 바람은 흰 눈의 이미지로 형상화된다. 눈을 좋아한 그는 눈만 오면 나귀를 타고 태백과 소백의 산으로 들어가 마음껏 관상하다가 돌아왔다고 하는데, 다음의 시는 깨끗하게 자유를 즐기는 방외인의 심사를 잘 보여 준다.

눈과 달이 서로 빛을 다투는 밤에,　　雪月交輝夜
맑은 바람(淸風)이 크게 취하여 왔다가,　　淸風大醉來
질풍처럼 흥興을 타고 돌아가니,　　飄然乘興去
영원토록 더러운 속세와 인연을 끊었구나.　　千載絶塵埃

정윤위와 정윤해가 벼슬을 단념한 이유도 바로 이 정신에서 찾아야 할 것이다. 이들은 참여를 통해 나라에 충성하기보다는 진리에의 헌신을 통해 충성하는 길을 선택한다. 그리고 그런 선택은 학문에의 헌신과 자기수양이라는 모습으로 후손들에게 계승된다.

3) 정옥

약포 이후로 크게 현달한 이는 정옥鄭玉(1694~1760)이다. 호를 우천牛川이라고 한 그는 창설蒼雪 권두경權斗經의 제자가 되어 가문이 고수하던 퇴계학의 전통을 잇는다. 영조 임금 때는 대과에 급제하여 환로에 들어선 후 황해도 관찰사까지 역임하였다.

그는 여러 모로 약포를 닮은 사람으로 기억된다. 체구가 왜소하였던 약포처럼 그도 체격이 작았다. 그에 반해 행동이 단정하고 무거웠으며 말을 재빨리 하거나 순식간에 안색을 바꾸는 모습을 본 사람이 없었다고 할 만큼 신중하고 사려 깊은 사람이었다. 사마시를 보러 가는 길에서는 이런 일도 있었다. 노비가 갑자기 채찍을 가하자 말이 놀라 날뛰는 바람에 정옥이 떨어져 진흙에 뒹굴게 되었다. 정옥은 진흙을 씻어 내며 "말은 잘 놀라니 급하게 채찍질을 하지 마라"라고 노비를 온건하게 타일렀다. 동행들이 왜 엄하게 혼내지 않느냐고 하자, "고의로 그런 것이 아니니 심하게 책망할 필요가 없다"라고 대답하였다. 노비나 짐승에게도 욕을 하지 않았다는 약포의 일화가 연상된다.

그는 또한 남에게 베푸는 일을 천성적으로 좋아하여, 자기가 지니고 있는 물건을 남이 원하면 싫어하는 기색도 없이 주었다. 한번은 아버지가 그를 이끌고 들판에 나아가 시험하였다. "저 넓은 들판이 모두 네 것이라면 어떨까?" 어린 정옥이 의젓하게 대답하였다. "모두 저의 것이면 다른 사람은 무엇을 먹고 사나요?" 그런 그를 보면서 집안사람들은 우리 선조 약포공의 뒤를 이어 집안을 크게 일으킬 재목으로 여겼고, 고을 사람들의 기대도 컸다. 그가 과거에 급제하자 그를 아는 사람들이 "영남에서 재상을 내게 되었다"라며 기뻐하였다고 한다.

그는 어진 사람이었다. 당시 빈번하던 기근이 발생하면 전력을 다해 구휼하였던 그는 기민구제를 위해 자기 봉급을 전부 사용하기도 했다. 율봉栗峰 찰방으로 있을 때는 기아로 황달에 걸린 역졸들을 살려 내었다. 함경도 경성 판관으로 재임할 적에는 흉년이 들어 유리걸식하는 백성들을 위해 관아의 창고에 온돌까지 놓고 그들을 수용하였으며, 국가 창고의 쌀이나 군량을 덜어 내어 백성들을 먹였다. 몇 사람의 하인만 대동하고 깊은 산속 궁벽한 골짜기까지 찾아다니면서 기민들을 구제한 그는 허기져 시체처럼 누워있는 사람들을 보면 죽을 끓여 먹이고 연명할 곡식을 나누어 주었다. 살아난 사람들이 "우리를 살린 부모이시다"라고 우러르면서 칭송하였으니, 사람을 살리는 일에 힘을 쓴 약포의 풍모를 그대로 닮았다. 청렴했던 그는 임기를 마치고 집에 돌아올 때면 행탁에 약간의 돈밖에 남기지 않았으면서도 혹시 많은 재물을 가지고 왔는가 항상 스스로 경계하였다. 착한 선조를 닮은 착한 후손이었고, 청백하고 공정하며 정직한 관리로 한 시대에 이름을 날린 사람이었다.

남에게 어진 그는 자기가 맡은 일에 대해서는 철저하게 봉공의 자세를 취하였다. 황해 도사로 재직하던 시절 과거 시험장을 관리하면서는 청탁 편지를 모두 불살라 버렸고, 토지 조사의 임무를 맡고는 법대로 처리하였다. 그를 보고 관찰사 유척기兪拓基(1691~1762)는 '젊은 나이에 공경이 될'(黑頭公卿) 재목으로 평가하였다. 조정에 들어가서는 벼슬아치들의 폐단을 숨김없이 탄핵하였음은 물론 군주 영조의 마음가짐까지도 거리낌 없이 지적하였는데, 그런 그를 보고 영조 임금은 "대간臺諫의 풍도는 마땅히 이러해야 한다"라고 칭찬하였다.

당쟁을 싫어한 데에서도 약포와 같았다. 그는 영조 임금에게 건의한다.

> 지금 한 나라의 사람으로서 한 세상을 어깨를 나란히 하고 살아가니, 조정에 있는 신하들은 모두 우리의 형제입니다. 그러나 경계를 구획하고 나누어 구별됨이 마치 다른 강역에 사는 사람과 같아 서로 허점을 살피는 일에 지혜와 힘을 다 쓰니 보이지 않는 곳에서 풍랑이 일어납니다. 심지어 조정에서 꾀하는 일들도 모두 당파의 의견이니 임금님의 지척에 있는 자리들의 모양이 아름답지 않습니다. 전하께서는 황극皇極의 정치를 하는데 힘쓰시어 조정을 안정시키고 백성들을 편안하게 하소서.

5대조를 닮은 그의 모습은 집안에 내려오는 가르침을 통해 만들어졌을 것이다.

그가 황해감영의 선화당에서 급서하였다는 부고가 조정에 전해지자 영조는 "내가 그를 높이 쓰려고 하였는데, 어찌 급히 갔단 말인가?"라고 비통해하였다. 정조 때 재상을 지낸 번암樊巖 채제공蔡濟恭(1720~1799)이 묘갈명을, 입재立齋 정종로鄭宗魯(1738~1816)가 행장을 지었다. 『우천집牛川集』이라는 문집이 전해 온다.

한때 우리나라 최초의 사액서원인 영주 소수서원의 원장을 지낼 정도로 학식이 높았던 그는 조상들을 현창하는 일에도 앞장섰다. 영조가 부르는 약포의 화상찬을 영정에 받아썼던 그는 『약포집』 원집과 『청풍자선생문집』을 발간하였고, 조현명에게 약포의 신도비명을 위촉하였다.

4) 학문에 전념한 후손들

약포 후손들은 음사로 관직에 나가는 소수를 제외하고는 대체로 벼슬을 하지 않았다. 약포의 세 아들을 계승한 종손들을 중심으로 살펴보면, 정옥 이후 고관을 지낸 이는 정윤위의 종사손인 정범락鄭範洛이 유일하다. 그가 서원철폐에 맞서 복구를 요구하는 경상도 유생들의 상소에 참여하였고, 감역으로부터 시작하여 돈녕부사에까지 오르고 있음이 『승정원일기承政院日記』에 나타난다.

【벼슬한 약포의 후손들】

정탁鄭琢 ┬ 윤저允著 — 시영時榮(系) — 집楫 — 석제碩濟 — 옥玉 —
　　　　│ 　　　유간惟簡 — 필량必良 —
　　　　├ 윤위允偉 — 시형時亨 — 홍鞏(系) — 석구碩耈 — 주명周命 —
　　　　│ 　　　박樸 — 필상必相 — 광익光翊 — 창희昌熙 —
　　　　│ 　　　범락範洛 — 주덕株德 — 주섭疇燮 — 재규載奎 —
　　　　│ 　　　완진完鎭 — 경수慶洙 — 인욱寅旭
　　　　└ 윤목允穆 — 시회時晦 — 빈轒 — 석주碩柱 — 유련遊蓮 — 모模
　　　　　　　— 필복必復 —

※ 세 아들 중 둘째 윤위의 후손들이 약포의 제사를 받드는 종가이다. 현재 종손은 정경수이고, 차종손은 정인욱이다.

정시영(1612~1647): 증손 정옥이 귀해져 이조참의에 증직

정　집(1641~1701): 손자 정옥이 귀해져 이조참판에 증직

정석재(1670~1746): 동추同樞. 아들 정옥이 귀해져 이조참판에 증직

정유간(1724~1781): 호는 소계昭溪. 광릉참봉

정필량(1748~1810): 통덕랑通德郎

정시형(1585~1646): 여러 번 재랑齋郎에 임명되었으나 부임하지 않았다. 동계桐溪 정온鄭蘊은 그가 문장이 있고 예를 좋아한다고 하여 친하게 지냄

정　홍(1627~1698): 음사로 어모장군禦侮將軍

정석구(1657~1711): 통덕랑通德郎

정필상(1720~1773): 증손 정범락이 귀해져 통훈대부 사복시정에 증직

정광익(1746~1821): 호는 만구재晩構齋. 손자 정범락이 귀해져 이조참의에 증직

정창희(1776~1850): 호는 학계鶴溪. 아들 정범락이 귀해져 이조참판에 증직. 서함군西咸君에 봉해짐

정범락(1807~1894): 호는 매헌梅軒. 1882년 고종 때 음사로 감역監役. 특은으로 돈녕부사

정시회(1601~1643): 사복시정에 증직

정유련(1683~1732): 생원

정윤위, 정윤목 이후 절의를 지키면서 학문의 길을 선택한 집안 분위기와 중앙정계에서 소외된 후로 벼슬보다는 학문에 전념하던 영남의 분위기가 맞물려 관직에 진출하고자 하는 꿈을 버렸던 것으로 보인다. 반면 약포 후손 중에 문집을 남긴 사람이 많다는 사실은 조선 후기에 이 집안이 학문에 전념하였음을 말해준다. 『예천군지』와 『예천향교지』 등의 최소한의 자료만 참고하

여 헤아려 보더라도, 문집을 남긴 후손이 20인에 가까운 문헌가였다. 이미 소개한 정윤목, 정옥을 제외하고 문집을 남긴 후손은 다음과 같다.

【문집을 남긴 후손들】

정　원鄭　轅(호는 山暮齋): 청풍자 손자, 정시회鄭時晦의 아들

정유구鄭游龜(호는 龍湖): 청풍자 고손자

정유운鄭游蓮(호는 洛瑞): 청풍자 고손자

정　산鄭　崟(1707~1774, 호는 蘇厓): 청풍자 후손

정필규鄭必奎(1760~1831, 호는 魯庵): 청풍자 후손, 천사川沙 김종덕金宗德 문인

정필응鄭必應: 천사 김종덕 문인, 청풍자 후손

정창구鄭昌九(1812~1874, 호는 東谷): 노암의 손자

정창덕鄭昌德(생몰년 미상, 호는 梧月): 정재定齋 류치명柳致明의 문인, 정유련의 고손자

정창운鄭昌運(생몰년 미상, 호는 道川): 청풍자 후손

정광유鄭光儒(1783~1803, 호는 江齋): 약포 8세손, 노암 손자

정광하鄭光夏(생몰년 미상, 호는 農叟): 노암 손자

정하락鄭夏洛(1840~1903, 호는 洛塢): 노암 증손

정주석鄭柱石(1862~1924, 호는 三汕): 노암 5대손

정재선鄭在璿(1901~1971, 호는 愚堂): 노암 7세손

정　학鄭　樳(1721~1781, 호는 無湖): 청풍자 후손

정범락鄭範洛(1807~1894, 호는 梅軒): 동호주인 종손

이들 중 최고의 문장가는 정필규였다. 노암魯庵이라는 호로 불린 정필규는 어려서부터 총명한 머리에 단아한 태도와 온자한 마음을 지니고 있었다. 7세 때 부친이 돌아가셨는데, 상을 치르는 어린아이의 모습이 어른과 같았다. 아버지를 그리는 마음에 홀로 있을 때면 눈물이 흘러 얼굴을 덮었다. 그런 가운데 또래 아이들과 노는 일보다는 온종일 공부에 전념하였다.

그는 난곡蘭谷 김강한金江漢에게 『중용中庸』을 배워 깨달음을 많이 얻었고, 천사川沙 김종덕金宗德에게 제자의 예로 집지하고 의심나는 것은 질문하였다. 1789년에는 성균 진사에 합격하였다. 동곡東谷에 초가를 지어 놓고 살았는데, 어머니가 계신 곳과 거리가 조금 멀었으나 하루에도 서너 번씩 문안드렸고 어머니가 잠자리에 든 뒤에 집으로 돌아갔다. 스승인 김종덕이 돌아가시자 시마복을 입고 심상心喪을 마치었다. 스승의 언행을 기록한 글을 남겼으니 그를 존경하고 사모하는 마음이 컸음을 알 수 있다.

1814년에 학행으로 혜릉참봉에 천거되었으나 벼슬에 나가지 않은 그는 "이는 내가 바랄 수 없는 분수 밖의 벼슬이고, 실로 선조의 음덕이다"라고 말하였다. 늙어서도 조상 제사에 게으름

피지 않았고, 방조의 기고忌故에도 반드시 도움을 주었다. 족친이 질병에 걸리면 날마다 가서 문안하였던 그는 숭조의식이 높아 자신의 조상들에 대한 전기문을 여러 편 썼다. 정옥에 의해 발간된 『약포집』에 누락되어 있던 조상의 글을 찾아 보완한 속집의 발간에 참여하기도 하였다.

빈곤한 생활을 하던 그는 집안사람들에게 곤궁한 것을 모름지기 참는 것이 우리의 법도라고 가르쳤다. 겸손하게 자신을 낮추었던 그는 배움을 청하는 학생이 있어도 스승으로 자처한 적이 없었으나, 정윤목의 뒤를 이어 삼강서당에서 학생들을 가르쳤다. 평생 겸손하여 스스로 정한 호가 없었던 그가 "나의 재주가 심히 노둔魯鈍하니 노둔한 늙은이(魯翁)라고 불러도 무방하다"라고 말하는 것을 본 사람들이 그를 노암魯庵이라고 불렀다. 『노암집』이란 문집을 통해 그의 뛰어난 문장을 엿볼 수 있지만, 그보다 유학의 가르침을 몸소 실천한 사람으로 기억되어야 한다.

주

1) 分司: 고려왕조는 서경을 중시하여, 개경의 관아를 서경(평양)에 나누어 설치하였는데, 그 제도에 의해 만들어진 관청

2) 瀋陽王 : 몽골 간섭기 시절 원나라로부터 받은 봉작의 하나. 지금의 봉천과 요양 등지인 심양은 고려인 전쟁포로나 유민들이 많이 살았고, 군사와 교통상의 요지였기 때문에 심양왕으로 하여금 이 지역을 다스리게 하였다. 원나라는 이 심양왕을 이용하여 고려를 견제하는 도구로 삼았다. 충선왕

이 고려의 왕위를 아들인 충숙왕에게 넘기고, 심양왕의 자리를 조카인 연안군 王暠에게 넘긴 후로, 고려 조정의 미움을 받던 자들이 심양왕 왕고와 결탁하여 음모를 일삼았고, 또 충숙왕을 내몰고 왕고를 왕위에 올리고자 원나라에 청하였으나 실패하였다.

3) 貳師: 세자시강원 벼슬의 하나. 종일품의 의정부찬성이 겸하는 경우가 많았다.

4) 다음과 같은 『실록』의 기록은, 약포에 대한 악평에는 당쟁에 의한 악의가 개입되어 있음을 알려 준다. 『선조수정실록』, 33년 2월 1일(을해) "정탁을 좌의정으로 삼았다. 지평 尹宖이 아뢰기를, '정탁은 성품이 본래 오활한 데다 나이도 노쇠하니, 이 어렵고 걱정 많은 때에 衰亂을 撥興시킬 책무를 이 사람에게 맡길 수가 없습니다.……' 라고 하였다.…… 정탁은 이때 남쪽 지방에 있었는데 사양하는 글을 두 차례 올려 면직이 되었다. 이때 홍여순의 무리들이 用事를 하여 그 무리를 재상의 반열에 둘 계책을 세워, 무릇 자기와 뜻이 다른 사람들은 반드시 배척하여 내쫓고야 말았다. 윤홍은 단지 홍여순의 사주를 받는 매나 개일 따름이니, 정탁이 탄핵을 받게 된 것은 조금도 괴이할 것이 없는 일이다." 홍여순은 대북파 소속이었고, 梧里정승 李元翼으로부터 "이 사람을 쓰다가는 국가에 큰 화가 미치겠다" 라는 극단의 논평을 받았던 인물로, 광해군 즉위 후에 진도에 귀양 가서 그곳에서 죽었다.

제3장 건축과 유물들

1. 약포의 종가와 정충사

약포의 집안에는 흔히 종가라는 말을 들으면 연상되는 종택宗宅이 남아 있지 않다. 외가에서 태어났고 처가와 친가를 오가면서 살다가, 벼슬살이를 위해 서울에 35년 이상을 거주한 약포는 향리에 자기 집을 마련하기 쉽지 않았고, 은퇴 후에는 전란의 상흔과 가난으로 인해 저택을 건축하는 일도 힘들었을 것이다.

노년기의 약포는 예천에서 멀지 않은 문경에 자신이 살다가 후손들에게 물려줄 가택을 마련하고자 하였다. 그가 지은 「쌍룡사에 같이 노닌 일의 기록」(題雙龍寺同遊錄)이라는 글에 의하면, 1603년에 문경의 가은嘉恩에 경치 좋은 용유동龍遊洞과 쌍룡사가 있다는 말을 듣고 그곳들을 유람한다. 이 여행길에서 산으로 둘러 있고 물이 감싸고 있는 별천지인 아포阿浦라는 곳을 발견한다. 그는 이때의 감동을 이렇게 기록하였다.

> 옛사람이 말하길 하늘이 만들고 땅이 감추었다가 그 사람에게 준다고 하였는데, 내가 어찌 그 사람일 수 있겠는가마는 내 지금 문득 마음에 깨달아지는 것이 있으니, 과연 옛날에 꿈에서 노닐던 곳이다. 혹 정말로 나에게 주는 것이 아닐까? 만약 이 곳에 띠를 베어 집을 엮고 배회하면서 노년을 즐길 수 있다면, 소옹邵雍의 백원百源과 이원李愿의 반곡盤谷도 차라리 사양하겠다.

이 바람은 성사되지 못하였다. 이에 관해서는 이야기가 전해 온다. 임진왜란 때 명나라 원군을 이끌고 온 이여송은 두사충杜師忠이라는 사람을 대동하였다. 그가 맡은 수륙지획주사水陸地劃主事는 일종의 지리참모로서 전장을 분석하여 조언하는 직책이었으므로, 풍수지리에 관한 지식을 소유해야 했다.

그런 그가 죽을 뻔한 일이 있었다. 이여송의 명군은 1593년 1월 평양성에서 일본군을 격파하였고 여세를 몰아 남쪽으로 진격했다. 그러나 패주하는 왜군을 얕잡아 본 명군은 서울 근교 벽제관碧蹄館에서 복병을 만나 패배했다. 이여송은 패전의 책임을 군진을 잘못 전개한 탓으로 돌려 두사충을 참수하려 하였다. 이

때 접반사로 있으면서 그의 재능을 아까워한 약포가 이여송에게 감형을 간청함으로써 가까스로 목숨을 건졌다. 두사충은 은혜를 갚고자 예천지방 명당 열 곳을 알려 주었고, 약포의 집터로 문경의 가은에 후손 중 정승 세 명이 나온다는 명당자리를 잡아 주었다. 지금 사람의 눈에는 허황된 이야기로 비칠 수 있으나, 두사충이 묏자리를 잡아 준 것이 사실이었음은 약포가 셋째 아들에게 보낸 편지글에서 확인된다.

가은에 있다는 집터를 찾아 나선 약포는 주막에서 하룻밤을 보내게 되었다. 그는 주막 노파에게 문경지방의 민심이 어떠냐고 물었다. 노파는 "지금 문경 백성들은 정탁이라는 한양의 고관대작이 하필이면 이 먼 곳까지 와서 집을 짓는다고 하여 노역에 끌려 나가 시달리지나 않을지 크게 걱정을 하고 있습니다"라고 대답했다. 다음 날 아침 약포는 집터를 조용히 포기하고 돌아갔다. 그 진위를 알 길이 없지만, 어진 성품의 약포라면 충분히 있을 수 있는 일이겠다.

은퇴한 약포는 예천의 고평에 정착한다. 조현명은 "약포공이 벼슬에서 물러났으나, 몇 칸의 집도 없어 부인의 본집에 의탁하니 처음 장가올 때와 같았다"라고 하였다. 부인의 본집이란 그녀의 친정이고 그에게는 처가이다. 그는 이곳에서 내성천이 바라보이는 곳에 망호당이라는 초가 재실을 짓고 살았다.

1604년 10월에는 호성공신 3등에 책봉되었다. 이때 그는 '반

약포의 종가에 있던 중간샘

당伴倘(경호하는 수행원) 4인, 노비 7구, 구사丘史(구종) 2명, 전지 60결, 은자 5냥, 내구마 1필' 을 하사 받는다. 이로부터 약포의 후손들은 고평에 세거할 수 있는 경제적 기반을 장만하였다고 보인다. 종손이 사는 집이 종택이라면 이런 환경에서 종택이 없을 수 없다. 그러나 망호당이 있던 옛집은 조선시대 어느 때인가 화재로 소실되었고 종가는 도정서원에 임시로 거처를 마련하였다. 가세도 기울어 자손들은 처가나 외가에 의지하려고 타지로 흩어져 갔다. 종택은 다시 회복되지 못한 채 현재에 이르고 있으며, 금당곡에서 가져온 돌을 넣자 물이 나왔다는 '중간샘' 만 남아 있다.

정충사 전경

정충사 옆에 세워진 신도비(조현명 찬)

정충사靖忠祠는 1980년 국고로 지어진 기념관이다. 약포의 영정을 모신 영정각, 유물관이 있고, 정면의 대문은 삼문三門이다. 그 외에 관리사가 있는데, 관리사는 종가 사람들이 살 수 있도록 설계하였다고 한다. 그러나 생활하기가 불편하여 정충사 밑에 종손이 거주할 수 있는 작은 현대식 가옥을 짓고 그곳에서 약포의 제사를 모시고 있다. 정충사 안에 있는 유물관은 약포의 유물을 보존하여 그의 정신을 널리 알리고자 건축된 건물이다. 이곳에는 선조가 하사하였고 보물 487호로 지정된 약포의 영정과 보물 494호로 일괄 지정된 유고 및 문서가 보관되어 있었다. 지금은 도난방지와 과학적인 관리를 위해 안동의 국학진흥원에 위탁하였고, 유물각에는 모사품이 전시되어 있다. 정충사 옆에는 조현명이 지은 신도비명을 돌에 새긴 비석이 서 있다.

2. 읍호정과 도정서원

고평에 돌아온 약포는 내성천의 경치를 사랑하여 이곳에서 산보를 하거나 낚시질을 하면서 소일하였다. 그의 집 이름이 '망호당' 이었음을 보더라도 내성천은 그의 정신과 생활에서 빼놓을 수 없는 요소였다. 그는 이 내성천이 내려다보이는 대봉산의 가파른 산기슭에 읍호정挹湖亭이라는 정자를 짓는다. 허리를 숙이면 호수 속으로 빠져들 것 같은 아찔한 절벽 위의 정자에 서면, 예천이 자랑하는 내성천의 흰 모래사장과 비단처럼 흐르는 물길을 멀리까지 내다볼 수 있다. 고평의 집과 이 읍호정 사이에 긴 다리가 있었는지, 아니면 옷을 걷고 건넜는지 상고할 길이 없지만, 이곳이 말 그대로 그가 지팡이 짚고 거닐던 곳(杖屨之所)임에

읍호정의 「우회」 시 현판

틀림없다.

읍호정에는 약포가 지은 「우회寓懷」라는 시가 현판으로 걸려 있다.

> 책을 읽으며 항상 시대의 어려움을 구제하기를 꿈꾸었는데,
> 뽀얀 먼지 나는 길 위에 분주하길 몇 해던가.
> 왜구가 어지럽힌 칠 년 동안 한 가지의 계책도 내지 못하고,
> 도리어 부끄럽게도 백발이 되어 비로소 고향에 돌아왔네.
> 讀書常擬濟時艱　奔走紅塵幾暑寒
> 寇亂七年無一策　還慙白髮始歸山

그는 난리에 놀라고 지친 마음을 자연을 관상하면서 달래고, 또한 가문의 자녀들이 평화롭게 번영하길 기원하였다. 그러나 아직 난리의 여파가 가시지 않아 백성들의 살림살이는 괴로웠고 국가의 체모도 서지 않았다. 이를 보면서 전임 재상으로서 무겁게 눌러 오던 책임감을 우회의 시로 표현한 그는 다른 시에서도 "직책을 띠고 있으니 진짜 은퇴한 것도 아니요, 시대를 걱정하기 또 일 년"(帶職非眞退, 憂時又一年)이라고 노래하고 있다.

약포가 돌아간 지 35년 후인 1640년(인조 18)에 지역 유림이 예천군 남쪽에 향현사鄕賢祠를 세웠다. 예천의 유풍儒風을 진작한 문정공文貞公 조용趙庸, 별동別洞 윤상尹祥, 수헌睡軒 권오복權五福과 약포를 합향合享하고 봄가을로 제사를 지냈다. 그로부터 다시 60년이 흐른 1700년(숙종 26)에 유림들이 약포가 노닐던 읍호정 동쪽에 서원을 세우고, 1723년에는 향현사의 위판位版을 옮기고는 도정서원道正書院이라고 이름을 붙였다. 다시 63년 후인 1786년(정조 10)에는 셋째 아들 정윤목의 위판을 도정서원 안에 있는 약포 사당에 종향從享하였다. 약포의 위국충절과 연원 있는 학문을 감안할 때 이 서원이 늦게 지어졌다는 느낌이 있으나, 그나마도 고종 연간에 내려진 서원철폐령에 의하여 1868년 일부가 훼철되었다. 현재 있는 건물은 1989년부터 보수 및 복원이 시작되어 1997년에 완공된 건물이다.

여름이면 나무가 우거지는 대봉산 기슭에 사당과 강당, 관리

도정서원

도정서원 정문인 입덕루

사 등이 강을 내려다보며 자리 잡고 있다. 중심에 강학 공간인 강당이 서 있고, 강당 뒤쪽으로 신성 공간인 사당이 있다. 강당채는 정면 4칸, 측면 2칸의 홑처마 팔작지붕이며, 앞면에는 난간을 돌려놓았다. 정면 중앙 2칸은 대청으로 우물마루를 깔았으며, 양쪽 1칸은 온돌을 놓았다. 상현사尙賢祠라는 편액이 걸려 있는 사당(문화재 자료 142호)은 정면 3칸, 측면 2칸의 맞배지붕이다.

수학하는 유생들의 기숙사가 강당 앞의 자성재自省齋와 지경당持敬堂이다. 스스로 성찰한다는 자성이나 경의 자세를 유지한다는 지경은 약포는 물론 그의 스승들이 중시한 경공부와 관련 있는 개념들이다. 입덕문入德門이란 현판이 걸린 2층 누각이 서원 출입문이다. 강당의 왼쪽에는 관리사가 있고, 강당 오른쪽으로 내성천이 굽어보이는 벼랑 가에 읍호정이 있다.

내성천 벼랑 위의 비좁은 대지 위에 지어진 도정서원은 우리나라 건축미를 탐구하기 위해서라도 자세히 살펴볼 만한 가치가 있다. 최준식 교수는 한국미의 특징을 자유분방함에서 찾았다. "우리나라 사람들의 기본적 성향이 질서를 싫어하고 자유분방하다는 사실이다.…… 난장판 같은 질서를 좋아하는 한국인들, 그래서 격식이나 틀을 거부하는 한국인들, 격식이나 틀을 거부한다는 것은 질서 잡힌 인위적인 세계를 좋아하지 않는다는 것이다. 야성적이고 자유분방한 것이다." 그는 이렇게 파악한 미의식의 관점을 다양한 분야에 적용한다. 그중 흥미를 끄는 것이 건축분야에 대한 설명이다. 그는 한국 건축의 특징을 비대칭성으로 파악하고, 엄격한 대칭성을 지향하는 중국의 건축과 비교한다. 한국의 건축이 중국의 영향을 받은 것은 사실이지만, 파격미 내지 인위성을 벗어나려는 자연미 추구의 의지로 인해 자기 방식을 찾아갔다는 것이다.

이에 대하여 이견을 제시하는 사람들이 있다. 거대한 평야지대인 중국에 비하여 한국은 70%의 국토가 산악지형이다. 따라서 마음먹은 대로 대칭적으로 건물군을 배치한 중국과 달리 한국은 대칭미를 표현하고자 하여도 불가능했다고 반론을 제기한다.

내성천이 크게 휘돌아나가는 강안의 손바닥보다 조금 큰 공간에 세워진 건축물인 도정서원은 이 두 가지 설명에 모두 부합한다. 대부분 서원 건물들이 그렇듯이 정문 누각에서 강당, 사당으로 이어지는 종축이 일직선이 아니어서 비대칭의 자연미, 파격미를 보여 준다. 더욱이 중앙의 강당 건물은 더 파격적이다. 급한 산비탈에 세워진 관계로 일반 서원과 달리 강당 건물 정면에 출입 통로가 없고, 옆문이나 뒷문을 통해서 진입해야 한다. 과연 이것이 자연을 있는 그대로 살리고자 하는 '의지'의 표현인지, 아니면 자연의 세勢를 극복할 만큼 인력을 동원하지 못해 발생한 자연에의 '굴복'인지 궁금하다.

3. 청주정씨 재실과 약포 묘소

예천군 호명면 본리에 있는 청주정씨 재실은 시도유형문화재 제315호이다. 약포를 제향하기 위해 약포의 손자 정시형鄭時亨(1585~1646)이 건축한 묘소 아래의 재실(墓下齋室)이다. 6칸 규모의 일자형 문간채와 ㄇ형 재실이 트인 ㅁ자형으로 배치되어 있다. 재실은 앞면 5칸 옆면 3칸이다. 재실의 대청 뒷벽에는 각 칸마다 띳장널문을 단 영쌍창틀이 남아 있어 이 건물이 17세기에 지어졌음을 증언하고 있다.

재실齋室은 광석산廣石山을 뒤로 두고 발달한 이 마을의 앞쪽에 위치한다. 재실 앞쪽은 완만하게 경사져서 남쪽에 있는 낮은 야산과 만난다. 그 사이에 개울이 흐르는데, 약포의 묘소는 이 남

청주정씨 재실 정면

청주정씨 재실 내부

약포 정탁의 묘소

쪽의 야산에, 재실과는 약 100여 미터 거리를 두고 떨어져 있다. 묘소는 행정구역상 안동군 풍산읍에 속한다. 정승의 묘소를 군수에게 맡길 수 없어, 안동부사가 관할하기 위해 작은 냇물 하나 사이로 행정구역을 달리 구획하였다고 한다. 이 묘소는 두사충과 관련하여 풍수전문가들의 관심을 끌고 있다.

4. 정충사의 유물들

1) 약포 영정

보물 제487호로 지정된 약포의 영정이 제작된 것은 약포가 사망하기 1년 전, 1604년(선조 37)에 호성공신 3등으로 봉해지면서이다. 왕명에 따라 충훈부忠勳府에서 예천으로 화공을 보내 영정을 그렸다. 가로 89cm, 세로 167cm의 크기로 견본絹本에 그린 채색화이다. 사모를 쓰고 비단 단령團領에 쌍학雙鶴이 그려진 흉배胸背를 두르고 관복 차림으로 앉아 있는 약포의 노년 모습이 전신상으로 그려져 있고, 얼굴은 7분면分面을 표현하였다.

이 영정이 다시 세상의 눈길을 끈 것은 150여 년의 세월이 흐른 1756년(영조 32)이다. 『조선왕조실록』에는 다음과 같은 기록이 남아 있다.

> 고 상신 정탁의 화상畵像에 대한 찬贊을 친히 지어 정탁의 5대손 정옥에게 내렸으니, 이때 정옥이 승지로 입시했기 때문이었다.

약포 정승 영정. 윗부분의 글씨가 영조가 짓고 정옥이 썼다는 화상찬이다.

영조는 약포의 영정을 보고 화상찬을 짓고는 후손인 정옥에게 축머리에 직접 쓰도록 하였다. 그는 왜 약포를 다시 보고자 하였고, 화상찬을 지어 후손에게 쓰게 하는 망극한 은혜를 베풀었을까? 단지 후손이 승지로 들어와 있었기 때문일까?

그보다는 전쟁의 시기에 자기 선조들을 호종하면서 이험일절의 절개를 지킨 약포를 환기시킴으로써, 정옥을 비롯한 신하들에게 충성을 당부한 것이 아닌가 생각해 본다. 이런 상상을 하는 것은 영조가 등극하고 얼마 뒤에 반란사건이 일어났기 때문이다. 영조 앞에는 배다른 형인 경종이 있었다. 경종의 즉위로 소론이 집권하였는데, 노론은 연잉군을 세제로 책봉하고 세제청정世弟聽政을 획책하다가 축출당하였다.

이 경종이 집권 4년 만에 갑작스럽게 죽고 노론정권이 다시 들어서자, 여러 가지 의혹이 일었다. 연잉군, 즉 영조는 숙종의 친아들이 아니며 경종이 독살되었다는 소문이 퍼져나갔고, 이는 영조의 왕위 계승이 부당하다는 논리로 발전하였다. 이에 노론의 장기 집권에 불만을 가진 준소·탁남·소북 세력이 결탁하여 정변을 꾀하니 이인좌의 난이라고도 불리는 무신난이 일어났고, 이 반란에 영남의 명망 있는 집안의 사람들이 참여하여 충격을 주었다. 정옥은 반란이 일어나자, 그를 진압하려는 의병진에 참여한 바가 있었다. 예천군도 이 사건에 대한 문책으로 군에서 현으로 강등된 바 있다.

이 사건이 수습된 지 오랜 시간이 흘렀지만, 영조로서는 자기 권력의 정당성을 의심하는 사건이 준 상처에서 자유로울 수 없었을 것이다. 그에게 약포와 같은 충신이 절실하였음은 물론이다. 영조가 직접 지은 화상찬에도 단서는 있다.

> 경연 중에 우연히 듣고 영정을 가져다 살펴보니, 그 모습도 위대한, 선조 임금 때의 이름난 재상이로다. 돌아간 지 백여 년 후에 대궐 안으로 들어왔으니, 특별히 찬양하는 글을 써, 이로

써 영남 사람들을 권장하노라.

筵中偶聞 取覽遺像 厥像偉然 穆廟名相 百年之後 入于楓宸 特製其銘 以聳嶺人

그가 굳이 영남 사람들을 권장(聳動)시킨다는 표현을 쓴 것은 나라에 충성하는 인물들을 대거 배출하였던 영남에서 무신난에 참여한 사람들이 나온 데 대한 불만스러운 기억 때문이라고 보인다.

후일 예천군수인 아버지를 따라 내려와 관아의 서편에 있던 반학정伴鶴亭에서 공부하던 정약용은 약포의 유상을 배알하고 「고 좌의정 약포 정공의 화상찬」(故左議政藥圃鄭公畵像贊)을 썼다.

엄숙하고 고상하고, 其瑟其昂
온화하고 공손하며, 其溫其顒
작디작은 체구에, 眇眇厥躬
엄숙한 위엄 있는 얼굴. 肅肅威容
선철이 하신 말씀, 先哲有言
공경함을 생각하라 했지. 職思其共
형구가 앞에 있어도, 碪櫃在前
끝내 불의는 따르지 않았다. 期期不從
송골매처럼 높이 날아, 載鴥其翥

삼공의 자리에 한 번 앉으니, 一蹴三公
뛰어난 선비들의 영수가 되어, 領袖群髦
관료들 서로 화락했다. 圭組雝雝
이어 동쪽 산으로 돌아가니, 爰歸東岡
진퇴함이 용 같았네. 進退如龍
신선 사는 누대에 높고 밝은 땅 있어, 仙臺有塽
사당의 붉은 칠 빛을 내네. 廟宇赫彤
깊고 맑은 저 물 위에 비친, 湛彼滌水
흰 구름 푸른 소나무 같은, 白雲蒼松
공의 영정 사당에 있으니, 公像在堂
영남 선비들이 따를 분이라. 南士攸從
세시마다 제사 모시고 그를 본받아, 歲時芬苾
삼가는 마음으로 성냄이 없기를, 有恪無悀
승정원에 높이 현창하여, 芸省屹屹
시들어 흩어지는 것을 길이 경계했네. 永儆萎茸

다산은 약포의 행적은 물론 영조가 화상을 열람한 뜻을 자세히 알고 있었던 듯하다. 맨 앞의 네 구절에서 화상에 나타난 약포의 외모를 묘사한 그는 이어서 약포의 공손하면서도 강단 있는 내면의 인품을 그렸다. 다음으로 벼슬하던 시절 다툼과 갈등보다는 화해를 도모한 약포의 활동과 노년에 벼슬을 버리고 향리로 돌아간 만절을 칭송하였다. 마지막으로 그는 약포가 영남 선비들의 모범이 되어야 한다는, 영조가 승정원에 명하여 약포의 화상을 열람하고 명銘을 내린 뜻을 기술하고 있다.

2) 그 외 약포의 기념물

정충사에 보관되어 있던 약포의 유물 13점은 보물 제494호로 일괄 지정되어 있다. 임진왜란 기간에 큰 활약을 한 이가 약포이므로, 이 유물들은 모두 임진왜란 및 그 이후의 사실과 관계된 물건들이다.

(1) 정간공 시호 교지

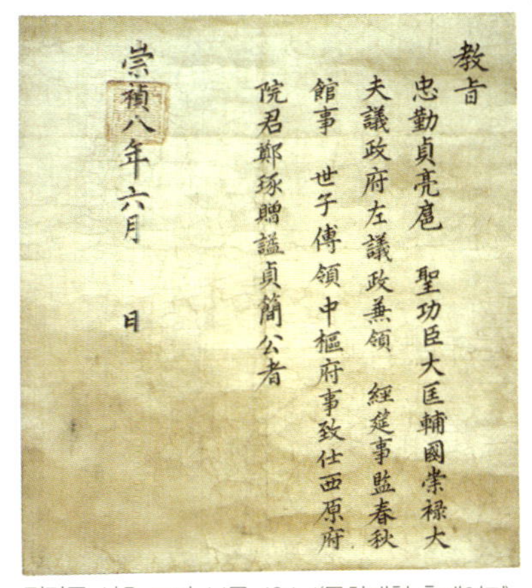

教旨
忠勤貞亮扈 聖功臣大匡輔國崇祿大
夫議政府左議政兼領 經筵事監春秋
館事 世子傅領中樞府事致仕西原府
院君鄭琢贈謚貞簡公者
崇禎八年六月 日

정간공 시호 교지. 보물 494-1(문화재청 홈페이지)

정탁은 여든 살이 되던 해 고향 집에서 눈을 감았다. 부고가 전해지자 선조는 매우 슬퍼하면서 사흘 동안 조회를 폐했다. 임금은 예조좌랑 조정趙靖을, 왕세자는 문학文學 류성柳惺을 보내 조의를 표하였다. 그 후 1635년(인조 13)에 '청백하게 절개를 지켰으며 덕을 쌓음에

게으르지 않다'(淸白守德, 一德不懈, 日貞日簡)는 의미의 '정간貞簡'이라는 시호가 내려졌다. 교지는 이때 내려온 공문서이다.

(2) 호성공신 녹권과 위성공신 녹권

임진왜란이 끝난 후 선조는 전쟁의 수습에 유공한 사람을 호성공신, 선무공신, 청난공신으로 나누어 표창하였다. 『선조실록』은 이때의 일을 다음과 같이 기록하였다.

> 공신들의 명칭을 정하여 대대적으로 봉封했는데, 서울에서 의주까지 처음부터 끝까지 거가車駕를 따른 사람들을 호성공신扈聖功臣으로 하여 3등급으로 나누어 차등이 있게 명칭을 내렸고, 왜적을 친 여러 장수와 군사, 양곡을 주청奏請한 사신使臣들은 선무공신宣武功臣으로 하여 3등급으로 나누어 차등이 있게 명칭을 내렸고, 이몽학李夢鶴을 토벌하여 평정한 사람은 청난공신淸難功臣으로 하여 3등급으로 나누어 차등이 있게 명칭을 내렸다.

선조가 가장 높이 평가한 사람들은 자기를 보호하면서 피난한 사람들이었고, 얼마만큼 오랫동안 호종하였는가도 기준의 하나였다. 호성공신으로 임명된 이들의 수는 86인에 이르렀고, 국왕의 수발을 든 내시나 견마를 한 마부 등이 다수를 차지하여 비난을 받았다. 이에 비해 전장에 나가 직접 싸운 선무공신은 이순신을 비롯하여 18명에 지나지 않았다. 선조가 사용한 공신 선발의 기준이 어디에 있었는지 짐작할 수 있다.

선조를 이어 왕이 된 광해군은 아버지와는 생각이 달랐다. 분조를 이끌면서 위험을 무릅쓰고 전란을 수습하였던 광해군의 평가 기준은 왕위에 오른 뒤 임명한 위성공신衛聖功臣 선발에서 드러난다. 임진왜란 때 광해군을 따

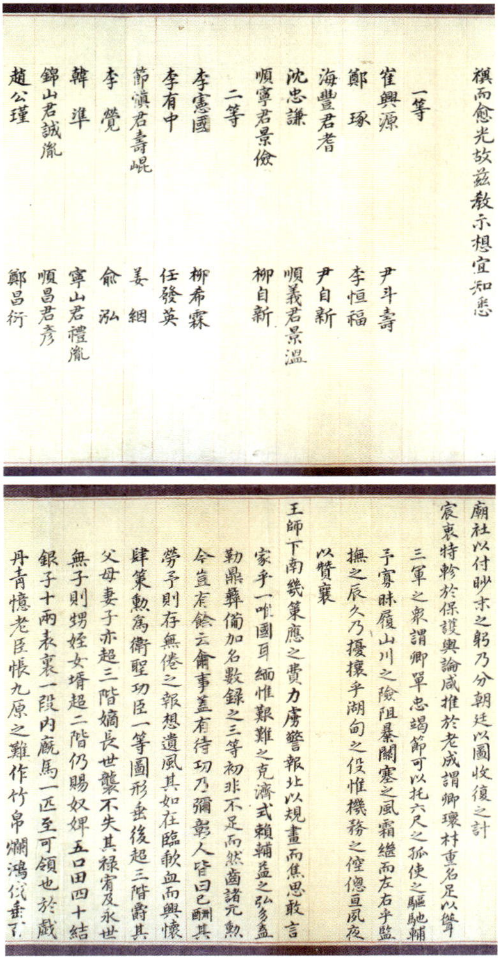

위성공신 교지(문화재청 홈페이지)

라 이천 · 전주에 갔던 사람들을 녹훈한 것이 위성공신이다. 선조가 호성공신 3등에 봉하였던 약포를 위성공신 1등에 봉하는데, 위성공신 1등에 녹훈된 사람들은 대부분 분조에 참여하여 전장을 누빈 사람들이다. 최흥원崔興源 · 정탁鄭琢 · 윤자신尹自新 · 심충겸沈忠謙 · 류자신柳自新 등이 그들이다.

『조선왕조실록』의 사관史官은 위성공신이 호성공신에 이어 내려짐으로써 이중 포상되었고, 광해군이 사사로운 은혜를 베풀어 자기 세력을 만들기 위한 것이었다고 비판하였다. 그의 평가는 광해군은 부도덕한 임금이라는, 인조반정으로 집권한 세력들의 견해에 기초하여 있다. 또한 광해군의 정치 행위가 전반적으로 부정된 것처럼, 위성공신 녹훈도 취소되었다는 결과적 사실을 고려했을 것이다. 그러나 비록 광해군의 편견이 일부 개입되어 있었더라도, 전선에서의 활동을 기준으로 삼은 그의 평가가 보다 객관성을 가진다는 것은 부정할 수 없다. 서원정씨 약포종가에 소장되었던 호성공신 교지와 위성공신 녹권은, 역사에 대한 평가는 정권이 바뀔 때마다 출렁일 수 있다는 사실을 웅변하고 있다.

(3) 『용사일기』

용사龍蛇는 임진왜란이 일어난 임진년(용의 해)과 다음 해인 계사년(뱀의 해)을 가리키는 말이다. 본래 중국에서는 사용하지 않

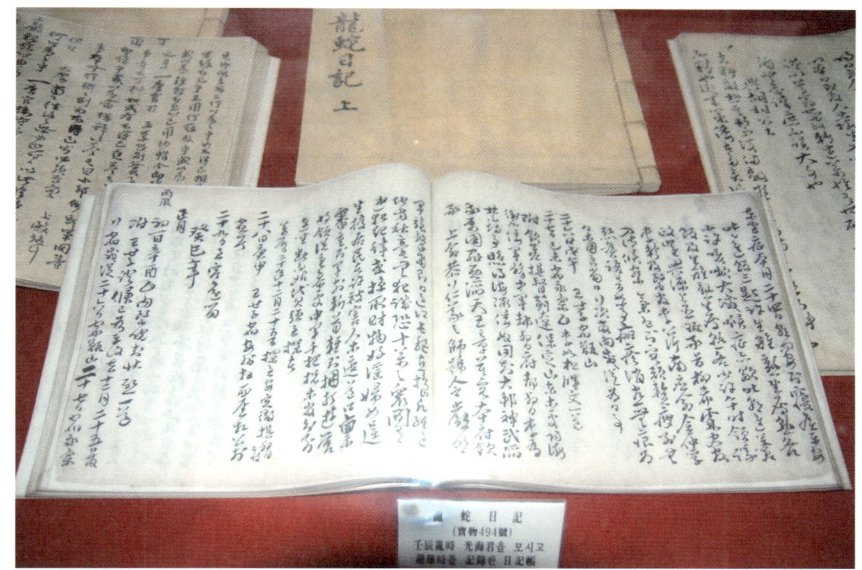

『용사일기』

던 말로서, 임진왜란 이후 우리나라에서 조어된 개념이다. 임진왜란 중 가장 처참하였던 두 해의 경험을 일기로 남긴 사람들이 많아 용사일기라는 제목의 서적이 다수 전해 온다.

『용사일기』는 『약포집』에 「피란행록」이라는 이름으로 수록되어 있는데, 약간의 차이점이 있다. 우선 기록한 일기의 기간에 차이가 있다. 『용사일기』는 1592년(선조 25, 임진년) 7월 17일부터 1593년(선조 26, 계사년) 정월 12일까지의 일기를 수록하고 있다. 이에 비해 「피란행록」은 선조 25년 4월 30일 선조가 피난을 떠나는 날부터 다음 해 정월 28일까지의 일기이다. 「피란행록」의 기간이 더 일찍 시작되어 더 늦게 끝난다.

다음으로 『용사일기』에는 「피난행록」에는 없는 이두문이 붙어 있어 당시 사대부들의 언어와 기록 문화를 엿볼 수 있는 자료가 된다. 아마 친필본인 『용사일기』를 문집에 넣는 과정에서 이두문이 불필요하다고 여겨 삭제하였을 것이다. 부산대학교 이위응 교수가 국역한 『용사일기』에 상세히 소개되었으므로, 여기서는 약포가 사용했던 이두문 몇 가지만 소개한다.

加于: 더욱 / 更良: 다시 / 古介: 고개 / 庫庫: 곳곳 / 導良: 드디어 / 望良白齊: 바라옵니다 / 不冬爲在: 아니한 것, 하지 않는 / 是白昆: 이시니, 이오므로 / 是白去乙: 이시거늘 / 是白沙餘: 이시옵고도 / 了段: 에는 / 爲白等用良: 하시므로 / 爲白臥乎去: 하시옵는가 / 爲白乎尒用良: 하옵시므로써 / 爲乎事是良尒: 한 일이므로 / 有臥乎事: 한 일, 있었던 일 / 叱分是遣: 뿐이고

『용사일기』는 개인의 일기이지만, 관료였던 약포의 경험을 기록한 것이기에 공문서에 가깝다. 특히 이 일기를 썼던 시기의 대부분은 약포가 분조에 근무하고 있었을 때이므로, 분조의 활약상을 연구하는 사람들이 필히 보아야 할 책이다.

분조는 최전선에 가까이 접근하여 있었으므로 선조가 이끈 조정(大朝)이 얻을 수 없는 정보를 수집하여 조정에 알리는 역할을 한다. 또한 도망하거나 사망하여 지방관이 없는 고을에는 임시로 관리를 임명함으로써 붕괴된 행정체계를 복구하기도 하였고, 전쟁에 투입할 병사들을 모집하기도 하였다. 의지할 곳이 없던 백성들이 의지하고 고통을 호소할 곳이 있게 되었음은 물론이다. 이런 일들은 장계를 통해 조정에 전달되었고, 『용사일기』에는 이 장계들이 꼼꼼히 기록되어 있다.

분조는 왜적에 의해 점령된 지역의 정보를 수집할 수 있었으므로, 전략적인 판단을 내리고 국왕에게 건의하는 역할도 하였음을 이 일기를 통해 알 수 있다. 1592년 12월 4일의 기록은 서울과 경기도의 민심 동향에 관한 것이다. 적 치하에서 고통 받던 경기도 인민들이 관군을 고대하면서 무기를 준비하여 내응하려 한다는 정보를 입수한 분조는 백성들의 바람에 즉시 부응하여야 하고, 시간이 흐르면 마음이 무너져 다시 회복하기 어렵다고 판단한다. 그리고 이들과 연합하여 서울에 주둔하고 있는 적을 공격함으로써 평양의 적과 분리시킬 때, 평양 수복도 쉽게 달성할 수 있다고 건의하고 있다. 건의는 받아들여지지 않았지만, 저 멀리 도피해 있던 조정보다는 훨씬 능동적인 전략을 구상하였음을 알게 된다.

(4)『용만문견록』

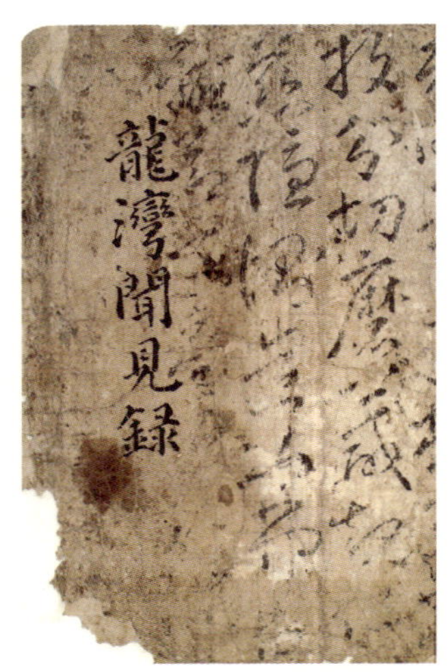

『용만문견록』(문화재청 홈페이지)

세자의 분사에서 임란 초기 몇 개월을 근무한 약포는 평양성을 탈환한 직후부터는 선조의 행재소로 돌아간다. 그가 맡은 임무는 파견 나온 명나라 장수와 관리들을 접빈하는 일이었는데, 지금 방식으로 말하면 외교관의 역할이다. 용만은 의주의 옛 이름인데, 명군이 들어오는 길목인 이곳이 주요한 외교무대였다. 문견록은 듣고 본 것을 기록한 문서라는 뜻이다. 따라서『용만문견록龍灣聞見錄』은 의주를 비롯한 장소에서 명나라 관리들을 만나 수집한 정보와 활동상을 조정에 보고한 문건이다.『약포집』에도 수록되어 있는 이 문서는 서론에서 이것이 정보 보고서임을 알려 준다.

> 신이 경략 송응창을 영접하고 위로하라는 명령(迎慰使)을 받고 의주에 도착하여 경략으로부터 유격에 이르기까지 일일이 전별하고 위로한 일은 그 대강을 이미 글로 아뢰었습니다. 그 외의 일의 자취(事蹟)와 주고받은 언어를 이제 모두 기록하여 합하여 한 권으로 만들었습니다. 중국에 왕래하면서 듣고 본 것

에 따라 기록하는 일은 예로부터 있던 일입니다만 하물며 국가를 다시 세우는 이때에 왜적을 토벌하기 위해 우리나라에 온 장군과 관리들의 언어와 사적은 국가와 관련된 일이 있으므로 감히 여벌의 일이라고 간과할 수 없어 삼가 기록하여 진상합니다.

송응창宋應昌, 이여송李如松, 호환胡煥 등 8명의 관직, 출신지, 호, 성품 또는 성향(爲人), 대화 내용, 호환과 주고받은 서신 등을 수록하고 있다.

전란을 당한 약소국의 국왕과 관리들이 명나라 장수와 관료들에게 수모를 당하였음을 이 기록에서도 엿볼 수 있다. 그리고 이 책에는 우리의 가슴을 뜨끔하게 하면서 교훈이 되는 대목이 있다. 약포는 유신儒臣인 호환과 한 번 만난 후 서로 정이 통하는 사이가 되었다. 나이도 많고 학식도 있으며, 말에 품위가 있고 예양할 줄 아는 그를 총병 유정劉綎은 스승으로 대하여 그의 말을 반드시 따랐으므로, 약포로서는 외교상 꼭 친해야 할 필요도 있었다.

약포는 그에게 조선 무사들의 용맹함을 자랑한다. “우리나라 병사들의 굳세고 날랜, 용감함은 사방에서 칭찬하는 바입니다. 단 근래에 평화가 오래되자 백성들이 군사에 대해서 알지 못해, 침략을 받은 후로 풍문만 듣고도 와해되었습니다. (그러나) 활 쏘고 말

타는(弓馬) 기술은 또한 모두 정예롭고, 편전片箭에 능함은 사방에 있는 여러 나라에서는 할 수 없는 것입니다. 만약 이들에게 총으로 싸우는 기술들을 가르치면, 그 기예는 크게 쓸 만합니다."

호환은 그에게 답하면서 정말 점잖게 충고한다.

> 외부로부터의 침략은 진실로 마땅히 막아야 할 것입니다. 국내를 다스리는 것 또한 마땅히 준비해야 할 것입니다. 최근에 들으니 왜적이 국경을 침범하자 귀하의 나라 양반과 백성들이 달가운 마음으로 그들의 신하와 첩이 되고자 하였다고 합니다. 이는 무슨 까닭인가요? 대도회의 근심하고 고통 받는 백성들이 난리를 원하는 것은 그 형세가 그러한 것입니다. 지금을 위한 계책은 당신 나라의 임금과 신하들이 하루 빨리 와신상담하면서 오래된 것을 버리고 새로움을 도모해야 마땅합니다. 사람들의 마음을 수습하고 흩어진 사람들을 불러 모으고, 다친 사람은 돕고 죽은 사람은 조문해야 합니다. 만나기 어려운 신하를 추천하고 전장에서 죽은 병졸을 긍휼히 여기면, 사람들의 소망하는 바를 위로하고 사기를 고무시킬 수 있습니다. 명목 없는 징세와 사나운 금령은 일체 폐기하여야 합니다. 이익이 윗사람에게 돌아가면 백성은 밑에서 원망하게 되니 난리가 생기지 않기를 바란다고 하여도 어려운 일입니다. 하물며 외침을 받아 도망갈 곳도 없는 시기에야 어떠하겠습니까? 이

것은 귀에는 거슬리는 말이고 입에는 쓴 약입니다. 그대는 어찌 생각하시는지요?

사람은 남과 친밀하게 지내길 소망하지만, 이해가 갈리는 지점을 경계로 하여 나와 남으로 나뉘고 국적을 달리하는 원수처럼 다툰다. 그래서 때로는 공동의 힘으로 극복하지 않으면 안 되는 환난과 고통이 화합을 위해 필요하다. 공동의 적은 원수이지만 역설적으로 우리를 단결시키는 원인을 제공하기 때문이다. 임진왜란은 그동안 원수처럼 대하던 사람들이 화합하고 단결해야 할 시기였다. 그러나 집권자들은 그때까지 해 온 대로 백성들을 대하였다. 도성이 왜적이 아닌 자기 백성들의 손에 불탔다는 사실이 의미하는 바는 무엇인가? 호환의 말은 명나라 군대가 전투에 적극적이길 바라는 약포의 요청에 대응하는 답변이었으나, 소홀하게 여겨서는 안 될 말이다. 약포가 다시 왕세자를 호종하여 삼남을 돌면서 백성들의 괴로움을 구제하는 데 진력을 다한 것은 이 충고를 귓등으로 듣지 않았기 때문이리라.

(5) 『임진기록』

『임진기록壬辰記錄』은 임진왜란 중 명군도독부와 왕복한 공문서 등의 자료와 국내 전쟁관계 기사를 수록하고 있으며, 그 외에 왜병들의 만행과 그들과의 외교교섭 상황 등도 기록되어 있다. 1책으로 이루어져 있다.

(6) 『용사잡록』

『용사잡록龍蛇雜錄』은 임진왜란 중의 정치 외교의 동향과 그에 대한 의견을 적은 자필본 기록이다. 신하들이 국왕에게 올린 상소문, 국왕과 문답한 내용, 명나라 및 왜국 인물들과 주고받은 서신이나 외교 관련 문서 등을 모아 놓았다. 이 책에 실린 상소나 서신은 대부분 다른 사람의 글로, 약포의 글은 거의 없다. 그러나 이 책의 상소나 차자·서신의 상당수는 다른 책에는 없는 것들이다.

『용사잡록』(문화재청 홈페이지)

『용사잡록』에 실린 외교 자료 중에는 1593년 7월 명나라 1차 원병의 주력부대가 본국으로 철수하기 직전에 양국이 협의한 내용, 왜장 가토 기요마사가 조선 측에 보낸 서신이 들어 있다. 도요토미 히데요시가 명나라에 보낸 서신 등 명나라와 일본 사이에 오고 간 서신도 수록되어 있어,

조선 정부가 양국의 협상과정을 예의 주시하고 있었음을 알려 준다.

조선 내에서 오고 간 자료도 실려 있는데 승정원이 선조에게 보고한 계문, 영의정 류성룡과 도원수 권율이 국왕에게 보고한 사항, 정인홍의 상소문 등이 있다. 외교협상을 위해 일본군 진영을 왕래한 이겸수의 문답기도 실려 있다. 경상관찰사 한효순과 전라관찰사 이광의 보고문에는 다른 문헌에서는 찾아볼 수 없는 자료가 많이 포함되어 있고, 임진왜란 초기 경상도와 전라도 지역 의병활동을 알 수 있다.

(7) 『선조시집유묵』

『선조시집유묵先祖詩集遺墨』은 후손들이 수집한 약포의 수고 시문집으로 1책이다.

(8) 『약포선조유묵』

『약포선조유묵藥圃先祖遺墨』은 임진왜란 때 날씨의 상황에 따라 사용했던 부적을 기록한 문건으로 1책이다.

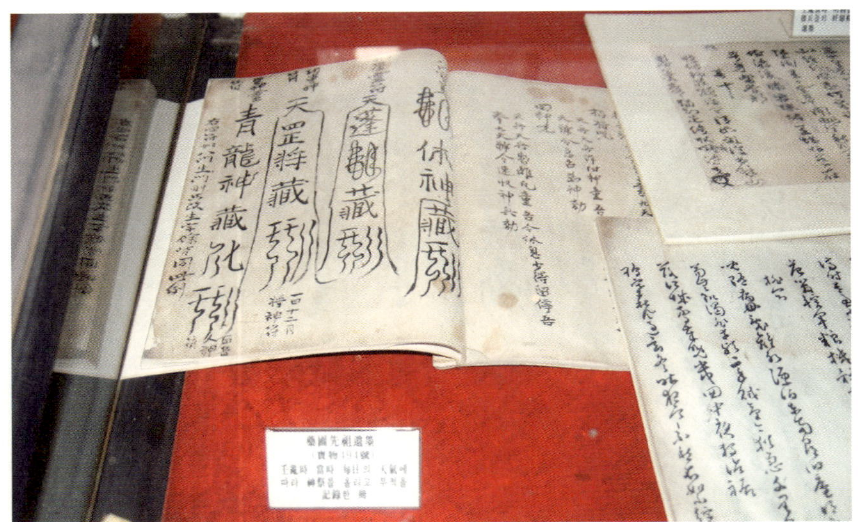

『약포선조유묵』

(9) 『약포선조간첩』

『약포선조간첩藥圃先祖簡帖』은 약포의 자필 서간을 모아 만든 책으로 2책이다.

(10) 『기로연시화첩』

『기로연시화첩耆老宴詩畵帖』은 1599년(선조 32)에 연로한 신하들을 위한 연회를 베풀고 그 광경을 시와 그림으로 묘사한 시화집이다. 이수광李睟光과 차천로車天輅 등 당대의 문사들이 쓴 시문이 실려 있다. 정2품 이상의 벼슬을 한 70세 이상의 신하나 군주가 참여하는 기로소耆老所 제도는 이전부터 있었지만, 이때의 기로연 연회는 전란을 겪고 열리는 것이어서 각별한 느낌이 있었을 것이다.

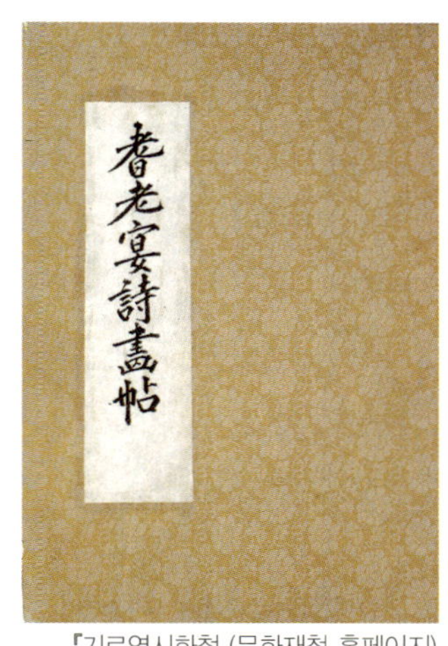

『기로연시화첩』(문화재청 홈페이지)

(11) 『선조초고유묵』

『선조초고유묵先祖草稿遺墨』은 명장들의 활약상과 왜병의 간악한 모습을 기록한 자필 유고로 1책이다.

(12) 관립

평상시 사용하던 갓이다.

(13) 벼루

벼루는 약포가 1582년 진하사進賀使로 명나라에 갔다가, 만력제萬曆帝로부터 하사 받은 물건이다. 정사각형의 검은 돌을 깎아 만든 것인데, 가운데에 둥근 원형으로 연당硯堂과 묵지墨池를 만들었다. 연당이 중앙에 있고 묵지가 연당 둘레를 둥글게 감싸

약포가 사용하던 벼루

고 있다. 묵지 밖에 팔괘八卦를 조각하였고 네 귀퉁이의 모서리에는 여섯 장의 꽃잎이 달린 꽃무늬를 새겼다.

벼룻집은 벼루를 보관하는 나무상자이다. 이 유물은 상단에 벼루를 수납할 수 있도록 하고 위로 여닫는 뚜껑을 달았다. 하단에는 납작한 서랍을 만들어 먹이나 붓을 넣을 수 있게 하였다. 서랍의 앞면에는 구름 모양의 무늬를 4개 새겨 놓았고, 바닥에 굽을 세웠는데 그 굽도 구름 모양으로 조각하였다. 벼룻집의 정면에는 상단의 뚜껑부터 하단의 서랍까지 한꺼번에 잠그는 긴 잠금고리를 붙여 놓았다. 이것 역시 만력제로부터 벼루와 같이 하사받은 물건이다.

5. 『약포선생문집』

지금 볼 수 있는 『약포선생문집』은 1760년(영조 36)에 간행된 원집과 1818년(순조 18)에 간행된 속집의 합본이다. 『약포선생문집』 원집 말미에는 정옥이 쓴 『약포집』 간행 경위가 기록되어 있다. 이에 따르면 영조는 홍문관에 『용만문견록』을 등사하여 올리라는 명령을 내렸다. 이어서 약포의 유상을 보고는 스스로 화상찬을 지어 하사하였고, 정옥에게 화상의 축軸머리에 직접 쓰도록 하였다. 영조는 이때 약포의 문집이 간행되지 않았음을 알고 정옥을 지방관으로 보내면서 문집을 편찬하도록 하였다.

황해도 관찰사에 제수된 정옥은 공무를 보는 짬짬이 영남에 사는 자손들이 보관하고 있던 문서는 물론, 약포와 교류한 여러 집안에 소장되었던 초고를 모아 권정택權正宅과 더불어 교정을 본 후 문집으로 발간하였다. 문집에 실린 글들은 시가 147수, 편지글이 42통, 상소문 등의 공문서가 31통, 약포가 지은 제문이 9건, 기문記文 · 서문序文 · 발문跋文 · 묘지문墓誌文 · 잡저 등이 15건이다. 「피난행록」 및 『용만문견록』도 수록하였다. 황해도 해주海州에서 목판 7권 4책으로 간행된 이 책은 홍문관에도 보내져 영조의 성의에 감사를 표하였다.

속집의 말미에 정필규는 속집을 간행한 경위를 기록해 놓았다. 약포의 후손 정광익鄭光翊이 원집에서 누락된 유문을 수집하고, 정필규鄭必奎가 편차하고, 류범휴柳範休와 황용한黃龍漢의 교정을 거쳐 도정서원에서 목판으로 간행되었다. 원집에 수록되지 않은 약포의 유문들이 발견되었기 때문에 속집 발간의 필요성이 생겼을 것이다. 특히 약포가 창작한 시詩가 많이 발견되었는데, 속집에 수록된 시는 94수에 이른다. 이 외에도 상소 및 차자疏箚 5편, 계啓 6편, 전箋 3편, 편지 67통, 지識 1편, 제문祭文 4편도 함께 실렸다. 편지글에는 조목에게 보낸 편지(「與趙士敬」 및 「答趙士敬」)가 상당 부분 차지하고 있으니, 이것들은 조목의 문중에서 찾아낸 것이라고 추측된다.

6. 삼강강당

널리 이름난 예천의 명소가 회룡포와 삼강나루이다. 현재 예천군 풍양면에 속해 있는 이곳은 본래 예천군과 분리되어 있던 용궁현 소속이었다. 회룡포는 내성천이 서향을 하다가 산에 가로막히자 350도 크게 회전하면서 육지 속에 섬마을을 만들어 놓은 곳이다. 이 내성천이 금천과 만나 낙동강과 합수하는 지점에 삼강리가 있다. 낙동강 · 내성천 · 금천의 세 강이 합수된다고 하여 삼강三江이라고 불린다. 대구 팔공산 · 영양 일월산 · 문경 주흘산의 세 산맥이 대좌한 곳이라 하여 삼수삼산三水三山이란 별명도 있다.

예전에는 서울로 가는 길목으로, 문경새재로 가기 전에 삼강

삼강강당 정면

나루터를 꼭 거쳐 갔다. 지금도 낙동강 700리 물길 중에서 유일하게 남은 주막이 있다. 낙동강을 오르내리던 소금배를 통한 물물교환의 장소였고, 대구와 서울을 연결하는 군사와 교통의 중요한 통로였다.

산과 물이 어우러지는 이곳에는 무이서원, 소천서당 등 유교 관련 유적이 있는데, 그중의 하나가 삼강강당三江講堂이다. 약포의 셋째 아들 정윤목이 고평에서 이곳으로 옮겨 살면서 그의 후손들이 세거하게 된 이곳에 1600년 강당을 차리고 후학들을 양성하였다. 후에는 정윤목의 후손 정필규가 강학하였다.

『예천군지』는 강당의 규모를 다음과 같이 설명하고 있다. 전면에는 학당이 자리 잡고 있으며, 학당 뒤에는 좌측으로 조금 치우쳐 강당이 있다. 강당은 중앙 강당과 협실을 지닌 중당협실형中堂夾室型이며, 정면 4칸 측면 2칸 규모의 팔작기와집이다. 학당은 정면 4칸, 측면 1칸 반 규모의 맞배기와집이다. 정윤목이 19세에 부친을 따라 중국에 갔다가 백이숙제를 모신 수양사首陽祠에 참배하고 모사해 온 백세청풍百世清風 네 글자를 강당의 벽에 걸어 놓았다. 백세청풍 네 자를 삼강고필三江古筆이라고 한다.

삼강마을의 남쪽 산 너머에 있는 신촌에는 청풍자淸風子 정윤목鄭允穆의 종가와 사당이 있다.

제4장 불천위 제사

유교를 가학으로 삼았던 유서 깊은 가문의 종손들이 일상적으로 행하는 활동은 봉제사奉祭祀 접빈객接賓客이다. 조상의 제사를 받드는 봉제사는 돌아가신 조상을 추모하면서 유래가 같은 후손들을 결집, 과거 · 현재 · 미래를 연결하는 시간적 행위이다. 손님을 접대하는 접빈객은 동시대를 사는 사람들과의 사회적 관계를 쌓아 가는 공간적 행위이다.

혈연과 혼인, 배움을 주고받음으로써 형성된 사회적 관계는 제사를 매개로 시간적으로 연장된다. 그리고 부조위不祧位라고도 불리는 불천위不遷位 제사를 통해서 더욱 확장된다. 고조부모까지 4대봉사하고 그 뒤로는 시제時祭로 모시는 것이 일반적인 제례의 방식이지만, 특별히 학문이 높거나(立言) 도덕성이 높은 사람(立德), 국가와 인민을 위해 큰 공을 세운 사람(立功)은 예외적으로 영구히 사당에 신주를 모시고 제사 지낼 수 있도록 허용한 제도가 있으니, 바로 불천위 제도이다.

그런 만큼 불천위는 오랫동안 사람들의 기억 속에 남고, 불천위가 형성했던 인간관계의 인연이 세월이 흘러도 변치 않고 제사를 매개로 이어진다. 특히 불천위의 배위配位 집안은 살아 있는 후손들의 외가로 인식되어 서로 왕래를 하면서 관혼상제와 불천위 행사에 참여한다. 불천위 제사를 모시는 종가는 가격家格이 높다. 백세불천百世不遷하는 대종가의 위상을 가짐으로써, 불천위가 없는 종가와 구별된다. 전국에서 불천위가 가장 많다는 안동에서는 '불천위 종가' 라고 특별하게 호칭한다.

연원 있는 학문을 실천하면서 국가에 큰 공을 세웠으므로 조정으로부터 시호를 받은 약포는 불천위 제사를 받을 자격이 충분하다. 그러나 그가 어느 시기에 어떤 과정을 거쳐 불천위 제사의 대상이 되었는지는 분명하지 않다. 4대봉사가 끝나가는 시점 언젠가가 불천위로 결정된 시기일 터인데, 그의 4대 종손 정석구鄭碩耉(1657~1711), 5대 종손 정주명鄭周命(1678~1710), 6대 종손 정박鄭樸(1699~1736)이 살아 있던 시절이라고 추정된다. 이 시기에 약포가 사망한 지 100년이 되도록 이루어지지 않았던 서원건립운동이 후손들과 지역 유림들의 공의로 추진되었음도 고려할 사항이다. 서원건립의 기념사업과 불천위 제사 지정은 같은 맥락에서 이루어졌다고 보이며, 유림의 공의를 거쳐 국가의 허락을 받는 일련의 과정을 거쳤을 것이다.

약포의 불천위 제사는 기일(음력 9월 19일)에 고평리 종가에서 지낸다. 참석 제관은 10여 명 내외이다. 현재의 불천위 제사는 제삿날이면 경향 각지에 흩어져 있던 후손들과 인연 있는 가문의 후손들이 대거 모여들던 과거와 사뭇 다른 모습이다. 규모의 차이는 있을지언정 대부분의 불천위 제사가 동일한 상황에 처해 있다.

1. 제례 준비

들이는 정성이나 제수를 보더라도 불천위 제사는 기제사와 격이 다르다. 대개의 종가들이 조상의 유적과 종택이 있는 농촌에 머물면서 새로운 문명에의 적응을 거부한 까닭에 경제력이 약화되었다고 하더라도, 불천위 제사에는 종가의 위상을 자랑하는 과시적 제물까지 준비한다.

약포종가의 불천위 제사는 단설로 행사한다. 안동지역에서는 '대과급제 5탕, 양반 3탕, 서민 단탕' 이라는 식으로 관직과 신분에 따라 탕의 개수에 차등을 두는 경향이 있고, 불천위 종가는 5탕 또는 3탕을 쓰는 것이 가장 일반적이다. 약포의 후손은 5탕 5채를 쓴다. 제주는 별도로 빚지 않고 시중에서 판매되는 것을 사용한다.

경제적 사정으로 제사를 모시는 종손의 마음은 항상 흡족하지 못하다. 약포의 묘하에 있는 천여 평의 제위답에서 나오는 수입으로 제사를 준비한다. 한국의 가정 거개가 그렇듯이 약포 집안의 제사를 준비하는 것은 종부의 몫이다. 대부분의 일가친척이 외지로 나가 인근에 대소가가 없으므로 그녀는 아무 도움도 받지 못한 채 제사를 혼자 준비한다.

제사 참가자들이 모이면, 도포와 유건으로 갈아입고 참례할 준비를 한다. 제사가 약소해지고 참례자의 수가 적기 때문에 3헌관을 배정하는 절차는 간단하다. 초헌관은 으레 종손이 맡고, 아헌관과 종헌관은 집안의 연장자들이 맡는다. 경험 있는 후손들이 집례執禮, 대축大祝, 사준司罇으로 역할을 나누어 맡는다.

2. 제청의 마련과 진설

약포 집안에서 불천위 제사는 자시子時에 지낸다. 전날 밤부터 종손이 사는 집 거실에 제청을 마련한다. 제관들은 벽에 병풍을 치고, 배석을 깔고는 고족상을 놓는다. 신주를 모실 교의는 따로 준비하지 않는다. 제상의 안쪽 두 모서리에 촛대를 올리고 불을 밝힌다.

제상 앞에는 향안을 두고 향안 옆에 모사기와 퇴주 그릇을 둔다. 다음으로 제사 음식을 진설한다. 먼저 제상의 앞쪽에 우측부터 사과와 배, 곶감과 대추, 밤의 순서로 진설한다. 그리고 그 중앙에 적틀(炙臺)에 쌓은 어적을 놓는다. 육적과 계적은 고족상 앞의 작은 상 위에 놓아두어 다음 차례에 대비한다.

고족상 앞에 놓인 육적과 계적

진설

제2열 중앙에는 세 가지 나물을 놓고 왼쪽에는 포를 놓는다. 제3열 왼쪽에는 구운 어물을 놓고 그 옆에는 작은 그릇에 담은 탕들을 배치한다. 맨 오른편에는 떡에 해당하는 편䭏을 둔다. 마지막 열에는 밥과 국인 메와 갱을 놓고, 그 옆에 잔을 놓는다. 메 옆에는 시저가 놓인다.

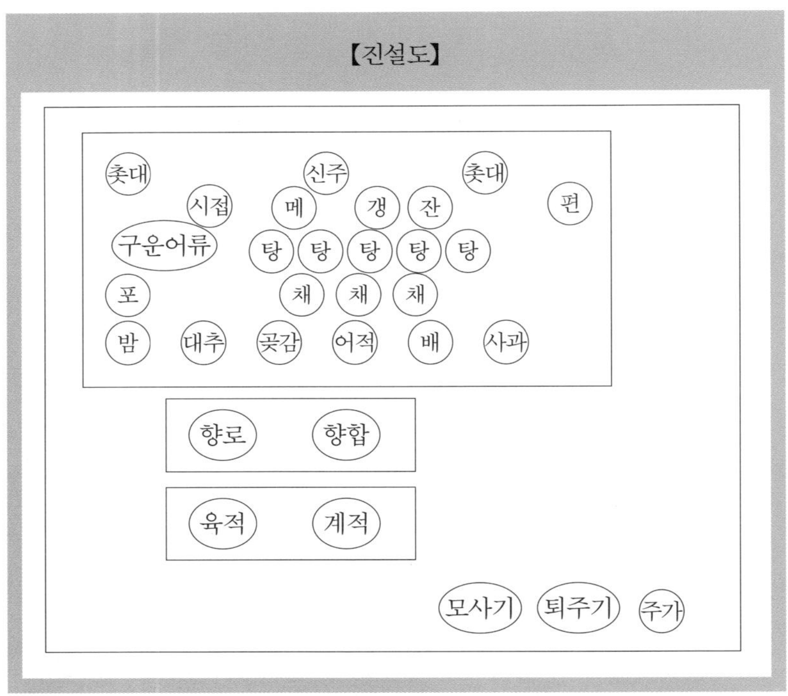

3. 출주

진설이 끝나면 사당으로 가서 신주를 모셔 와야 한다. 약포의 사당은 영정을 모신 정충사이다. 초헌관인 종손을 중심으로 제사에 참례한 사람들이 모두 정충사로 가면 굳게 닫혀 있던 삼문이 열린다. 약포 영정 왼쪽으로 불천위와 네 대의 신주가 감실龕室에 모셔져 있다.

먼저 초헌관은 신주 앞에 꿇어앉아 집례의 도움으로 향을 하나씩 하나씩 사른다. 다음으로 축관이 동쪽을 향한 자세로 초헌관의 왼쪽에 꿇어앉아 출주出主한다는 고사를 아뢴다. 제사의 참례자들은 초헌관의 뒤에 부복하여 출주고사를 경청한다. 고사가 끝나면 초헌관을 위시한 참례자들은 신주에 재배한다. 집례는

출주 의식

감실에서 신주를 보관하는 함인 주독主櫝을 열어 신주를 살핀 다음 신주를 경건히 모시고 나온다.

4. 참신과 강신례

신주를 제상 한가운데에 모시면 참여한 제관 모두가 신주에 처음으로 두 번 절을 올리는 참신례參神禮를 행한다. 다음으로 초헌관이 앞으로 나가면 술동이를 담당한 사준이 잔에 술을 따르고, 초헌관은 모사 위에 세 번 나누어 붓는다. 초헌관은 신주에 두 번 절하여 강신降神을 청한다.

참신

5. 헌례

영전에 술을 올리는 헌례獻禮는 세 번 행해진다. 종손인 초헌관이 앞으로 나와 잔을 잡으면 사준이 잔에 술을 따른다. 초헌관이 이 잔을 집례에게 건네면 집례는 신위 앞에 잔을 올린다. 헌작이 끝나면 집사자가 안주에 해당하는 적을 올리는데, 한지에 싸서 끈으로 묶어 두었던 것을 풀어 놓는다.

초헌관이 신위를 향하여 꿇어앉으면 축관이 종손의 왼쪽으로 나와 제수의 흠향을 기원하는 축문을 읽는다. 그동안 제관들은 부복한다. 축문을 다 읽으면 초헌관은 일어나 두 번 절하고 축관과 함께 자기 자리로 돌아간다.

두 번째 잔을 올리는 아헌례는 제사에 참여한 사람 중 연장

초헌

자가 맡는다. 아헌관이 꿇어앉으면 집사자가 작은 상에 준비해 두었던 육적을 제상으로 올린다. 아헌관이 사준으로부터 술잔을 넘겨받아 경건하게 헌작한 다음 집사자에게 주면 집사자는 신위에 잔을 올린다. 아헌관은 두 번 절하고 물러난다. 종헌관이 앞으로 나가면 계적을 올린다. 종헌관은 아헌관과 마찬가지 방식으로 잔을 올리고 두 번 절한다.

6. 유식

술을 드신 신위에게 식사를 권하는 의식이 우식侑食이다. 먼저 덮어 두었던 메를 담은 그릇의 뚜껑을 벗긴다. 초헌관이 사준의 도움을 받아 벗겨 낸 주발 뚜껑에 술을 조금 부어 올리면 집사자가 종헌관이 올렸던 잔에 첨작添酌을 하는데, 술을 세 번에 나누어 따른다. 초헌관이 두 번 절하면 집사자가 숟가락을 메에 꽂고 젓가락을 바로 놓는 삽시정저插匙正箸를 한다.

이제부터는 조상이 식사를 하는 시간이다. 집안에 따라서는 병풍으로 제상을 감싸는 합문闔門 의식을 행하기도 하나, 약포 집안은 제관들이 모두 제상 앞에 부복하여 흠향이 끝나기를 기다린다. 다음으로 국그릇을 내리고 찬물을 올리는 진다進茶 또는 헌다

유식

獻茶가 행해진다. 집사자는 제상에 찬물을 올리고 메에서 세 숟가락을 덜어 올린다. 제관들은 일제히 허리를 굽혀 읍을 한 채 조용히 식사가 끝나기를 기다린다.

7. 사신과 음복

절차가 모두 끝나면 메에 뚜껑을 덮고는 신주를 주독에 다시 모신다. 이어 제사를 잘 마쳤다는 뜻으로 '이성'이라고 소리치는 고이성告利成을 한다. 마지막 절차가 사신辭神이다. 제관 모두가 두 번 절하여 조상의 신위에 작별 인사를 한다. 집사자가 주독을 모시면 종손을 비롯한 참례자들은 뒤를 따라 사당으로 올라간다. 약포의 신주를 본래의 감실에 안치하는 납주를 행하고 문을 닫고 나온다.

마지막으로 제관들이 한자리에 모여 음복례를 거행한다. 제사에 사용한 제수와 제주를 나누는 음복에도 절차는 있다. 약포께서 드신 퇴주를 나눌 때 첫째 잔은 초헌관인 종손이 마시고, 그

사신례의 한 장면

다음 아헌관과 종헌관의 순서로 진행된다. 이 순서가 모두 끝난 후에 다른 참례자들이 음복한다.

약포 불천위 제사의 순서와 방식은 영남의 다른 종가의 것들과 큰 틀은 같으면서도 미세한 차이가 있다고 보인다. 예컨대 제

1차 진설과 제2차 진설이 분명히 구분되지 않으나, 그 흔적을 간직하고 있다. 또한 도적을 산처럼 높이 쌓아 올려 집안의 위상을 과시하는 종가도 있으나 약포 제사는 검소하다. 경제적 사정에서 말미암은 현상이라고도 하겠으나, 평생 청렴하였고 검소하면서 남을 사랑하였던 약포의 제상으로 어울린다.

노비를 위해 차린 제상

약포의 불천위 제사에서만 볼 수 있는 한 장면이 있다. 약포를 모시던 노비(종)의 제사상을 준비한다는 것이 그것이다. 이 제상이 대단한 성찬은 아니지만, 조상을 위하던 노비의 노고와 영혼을 위로하는 절차를 지금까지도 지키고 있음에서 약포의 후손들답다는 느낌을 갖게 된다.

제5장 종손과 종부의 삶

1. 종손의 고단함과 자부심

20세기 중반 이후로 한국 사회의 급속한 변화와 발전은 세계적으로 주목되는 현상이다. 제1물결의 농업사회가 제2물결인 산업사회, 제3물결인 정보사회로 짧은 시간에 전환되었고, 그것도 동시적으로 진행되었다. 남들은 2~300년에 걸쳐 할 일을 5~60년의 짧은 시간에 해치운 역동성은 한국인의 생활방식, 가족제도와 의식도 급격하게 변화시켰다. 한 사회 내부에 너무나 다른 가치관과 생활태도를 지닌 세대들이 공존하면서 갈등한다.

이러한 급격한 변화를 온몸으로 처절하게 느끼면서 살았을 사람들이 아마 종가와 종손일 것이다. 일제강점과 한국전쟁을 통해 사회적 위상이 전락하거나 멀쩡하던 집안이 송두리째 몰락

한 경우를 제외하더라도, 20세기 후반에 일어난 사회변화에 고통 없이 적응할 수 있었던 사람이나 가문은 없었다. 전통시대에 그 누구에게나 소망의 대상이었던 종손과 종부는 제사 지내는 일이 힘들다는 이유로 기피의 대상이 되어, 국가적인 명망을 얻고 있는 집안마저도 며느리 보기가 힘들다.

며느리로 시집와 주어야 할 남의 집 딸을 탓하기 전에 종가의 종손으로 살아 주어야 할 내 자식부터가 이 고색창연한 책임으로 인해 고통스러워하였다. 개중에는 자기 삶을 위하여 과중한 종손의 부담을 버리고 살아간 사람도 있고, 어쩔 수 없는 운명으로 받아들인 사람도 있다. 또한 변화하는 시세에 적응을 잘하여 그들의 종가가 있게 한 조상의 시대보다 더 큰 위상을 차지한 종손도 있다.

그러나 어떤 경우이든 종가를 지켜야 할 종손들은 자기희생을 감내하지 않으면 안 되었다. 다른 사람들이, 심지어 부모를 같이하는 동생들이 신학문을 하고 경제적 성취를 도모하는 자유를 누리는 동안, 종손들은 종택을 지키면서 조상들이 이루었던 학문과 가치를 고수하면서 청운의 꿈을 포기하였다. 무엇보다 이들에게 고통스러웠던 것은 산업사회를 살아가야 할 그들에게 종가가 뿌리내리고 있는 농촌의 촌락을 고수하도록 강요받았다는 점이다. 조상이 살았던 시대는 농업이 최고의 생산수단이었으므로, 그들이 농촌에 뿌리내리려 한 것은 당연한 선택이었다.

이 시대의 종손들은 시대에 맞는 생활방식을 선택할 수 없다. 조상들이 말하던 대로 제도가 오래되면 폐단을 낳으므로 상황에 맞게 변통하여야 한다는 말은 이들의 거주 및 생활공간에는 적용되지 않는다. 그들은 조상의 흔적이 남아 있는 종가라는 제한된 공간을 중심으로 하여 먼 과거의 조상과 유대를 지속해야 한다.

약포의 현 종손은 젊은 시절 학업과 생활을 위해 종가를 떠난 적이 있었다. 기업을 운영하던 집안 어른이 종손의 교육을 위해 미국 유학을 약속하기도 하였다. 그래서 서울에서 학교 다니던 그는 로버트 박이라는 우리나라 최초의 영어회화 선생에게 영어를 배웠다. 그러나 세상은 그를 그냥 내버려 두지 않았다. 삼선개헌 세대인 그의 학창 시절은 매우 혼란한 시절이었고 경제적으로도 힘들었기에 학업을 마치지도 못하였다. 그 대신 그는 친구의 누이와 연애를 하고 결혼을 했다. 미국 유학의 꿈은 없던 일이 되었다.

그는 한때 많은 돈을 벌어 보았다고 한다. 그러나 약포의 말씀대로 부와 귀는 운명인 듯, 간수하지 못한 돈은 어디론가 없어져 버렸다. 이제는 종가로 돌아와 종손의 역할을 하지만 조상을 잘 모시지 못함이 늘 마음에 걸린다. 이전의 종손 종부와 달리 지금 시대의 종손인 그는 위대했던 조상의 제사를 모신다는 자부심 말고는 얻을 것이 없다. 혹 제사상이 조금이라도 소홀한 듯 보이면 타박이나 받는다. 시쳇말로 잘해야 본전도 안 된다.

고평에 살고 있는 그가 자랑스러움을 피부로 느끼는 것은 고평제이다. 고평제는 그와 마을 사람들이 아침 해가 떠서 집 밖으로 나오기만 하면 저 멀지도 가깝지도 않은 곳에서 의연히 버티고 서 있기 때문일 것이다. 15대 종손 정경수의 말이다.

> 우리 할배가 여기 내려오셔 가지고 저 둑을 막지요. 저 강이 엄청 큰 강 아닙니까? 봉화에서 내려오는 내성천인데. 저게 범람을 해 가지고 이 고평 큰 들이 전부 그냥 잠겼습니다, 장마만 지면. 그걸 막아서 당신이 가지는 게 아니고, 전부 내놓아서 농사를 짓게끔 했지요. 고평동계라는 걸 지어 가지고, 옛날에 고평동계라 그러면, 보통 동계는 양반들 사이에서만 지키는 계약이었는데, 그게 아니고 하층민까지 전부 같이 거 권선징악을 하셨고. 근데 거 이 고평에 들이, 이 고평이라는 게 원래 고사평이예요. 높을 고 자에 선비 사 자. 높은 선비가 사는 들이다. 고사평이 고평으로 바뀌었는데, 그 이름도 유래는 결국 우리 할배로 인해선데. 근데 그 이 넓은 농토에 우리 땅은 지금도 한 평이 없어요. 그거 인제 원망스럽지요, 청렴하시고 참 그거는 좋은데, 자손들 먹고 살게는 좀 만들어 주었으면……. 어느 가문에는 뭐 사방 칠십 리가 내 땅이다 해 가지고, 지금까지 대단하게 누리고 있는 집안이 있는데, 조금 부럽기는 합

니다.(웃음)

취재를 위해 만났던 다른 후손 역시 '약포 할배'의 어진 마음과 사람 살린 일을 자랑하였는데, 자랑스러운 선조에 대한 그의 열정이 너무도 강해서 도망도 못하고 들은 적이 있다.

그러나 자랑스러운 선조를 모시는 일은 여러 사람의 희생을 필요로 한다. 종손은 종가를 지키면서 제사를 준비해야 하는 아내인 종부가 안쓰럽다. 어릴 때부터 종가문화에 익숙한 자신과 달리 서울 여자인 종부는 생각이 달라 생기는 갈등도 있고, 생활을 위해 친족들이 경향 각지에 흩어져 있으므로 연로한 종부를 도울 사람도 없다.

…… 다른 문중보다 우리가 진설이라든가 뭐 이런 걸 아주 못해요, 그땐 그래도 어른들이 계서 가지고, 전해 내려오는 음식이 있었지요, 뭐 하다못해 송이 채취해서 송이다식도 만들고 뭐 이런 걸 했었는데……. 요즘 이제 그런 게 다 없어지고 할 줄도 모르고 또 해낼 여가, 여력도 안 되고. 제물을 많이 장만하지를 못하는데, 준비는 종부 혼자서 해야 됩니다. 아무도 거들어 주는 사람이 없어요, 아무도 없으니까. 가근방에 대소가가 있어야 되는데, 아무도 없으니까 혼자 해야 된다 말이에요. 형제간에도 다 나가 살고, 또 안 온다고 흉도 못하고 나무라지

도 못하고, 요새 뭐 직장에 목숨을 걸고 다니는데, 그러니깐 죽어라고 혼자 하지요. 근데 다른 집에 가면 왜 명절 증후군이란 게 있죠? 그게 오직 하겠소만은 내 말은 안 해요. 옆에서 보면 끙끙 앓지요…….

애는 많이 쓰는데, 뭐 모르니까 우선 애를 더 쓰게 되고. 알면 척척 뭐 잔소리 안 해도 해내는데. 내가 봐도 눈 쓸 데가 많아요. 눈도 뭐 이미 단절됐지만, 그래도 어릴 때 본 눈이 있는데, 그런 건 할 수 없죠. 도회지 사람이, 서울 사람이거든요. 그러니까 뭐 어쩔 수도 없고. 하는 만큼 해요 혼자 애만 쓰죠 뭐.

종부는 밖에 나서지 않으려고 한다. 그래서 종가의 종손과 종부의 사진이 필요하다고 하여도 종부는 사양하여 종손만 사진 찍는다.

게다가 가난한 약포의 종가가 예천에서 차지하는 위상도 옛날 같지 않다. 예천의 군세나 집안의 위세가 남과 다르기 때문일 것이다. 그러니만치 예천이 텔레비전에 소개되어 관광객이 몰려온다고 하여도 회룡포처럼 눈을 행복하게 하는 기이한 자연을 경탄하고 돌아갈 뿐이어서, 정신적 풍요로움을 더해 줄 유적은 관심을 끌지 못한다. 겉은 화려하지만 내면은 빈약한 현대 문명은 환금성 관광자원에나 가치를 부여하기에, 약포의 유적을 찾는 이들이 문화답사라는 이름으로 가끔씩 들를 뿐이다.

2. 현대화와 전통의 소멸

지금의 종손 정경수의 아버지인 14대 종손 정완진鄭完鎭은 공무원 생활을 했다. 한국전쟁 때 이미 병사계장을 지낸 아버지는 군청에서 갖은 자리를 다 역임하였다. 아버지는 다른 것은 몰라도 숭조의식만큼은 대단하였는데, 그것은 약포의 종손이라는 자부심에서 비롯되었을 것이다. 어머니는 신식 여성이었다. 경주이씨 부잣집에서 시집온 그녀는 빼딱구두라고 불리던 하이힐을 신고 시집왔다. 내성천에 놓인 고평다리까지 와서는 가마로 갈아타고 종가로 들어왔다고 한다. 신식교육을 받은 그녀는 스케이트 선수였고, 경북 단거리 선수권자였다.

신식의 직업과 교육은 전통을 이어야 할 종가에 꼭 필요한 것은 아니었다. 대신 종손은 할머니를 추억한다. 퇴계 집안에서 시집온 할머니는 언문(한글)을 깨우친 이로서, 이 어른 때까지는 집안의 전통이 사라지지 않고 보존되었다고 한다. "조모 때까지는 제사를 제대로 지냈으나 조모가 별세한 이후에는 여러 가지 사정으로 실질적으로는 제대로 된 불천위 제사의 맥이 끊겼다고 볼 수 있다"라고 하였다. 할머니 때까지는 전통이 살아 있어 가전의 음식도 있었고 제사도 옛날 법도대로 제대로 지냈다는 것이다.

그러나 어찌 없어진 것이 가전 음식과 제사의 법도뿐이겠는가? 근대화는 가족제도의 틀을 근본에서부터 흔들어 놓았다. 조부모로부터 손자 세대까지 한 집에 살고, 종가 인근에 당내간이 함께 거주하면서 한 조상의 핏줄임을 늘 확인하고 서로 도와가면서 살던 가족제도가 직업을 위해 해체되고, 유연하게 직장을 따라 이동할 수 있는 소가족제도로 바뀌었다. 제사는 숭조의식을 매개로 가문을 유지하는 기능을 해 왔고, 이른바 법도란 가문의 원만한 유지와 그것의 사회적 확산을 도모하는 장치였다. 그러나 이제 그러한 법도를 적용할 사회조직 자체가 무너져 버렸고, 그것은 다시 제사 기능에 대한 회의를 불러왔다. 종가의 위상은 현저하게 낮아졌고, 종가가 전승해 오던 법도도 망각되었다. 15대 종손이 14대 종손인 아버지로부터 어릴 때 받았다는 교육이 이미 적극적인 강제보다는 소극적인 강제로 바뀌었음은 이를 상징적으로 보여 준다.

우리가 팔남매인데, 자식들한테는 아주 그 완고하고 엄하셨어요. 옛날에도 아주 다정한 그런, 참 부모들이 있었지요. 근데, 뭐 하나라도 잘못되면 큰일 나서, 무서운 거만 봤지, 뭐 다정하게 뭘, 참 너 뭘 밥을 먹었느냐는 둥 아니면 뭐 옷가지라도 이런 건 전혀 없으셨고. 이거 내 흉인데. 그 시절에 또 양반가문엔 또 다 그랬었고.……

너는 15대 종손이 될 사람이니까 몸가짐이라든가 뭐 철저하게 어떤 안 되는 일만 가르쳐 주셨으니까. 이거도 안 되고 저거도 안 되고 모든 게 안 되는 것만. 그러니까는 이렇게 저렇게 하면 좋다는 그런 거는 제시 안 하시고, 무조건 이거는 해서는 안 되고 저거도 해서는 안 된다는…….

적극적으로 행동을 제시하기보다는 이것만큼은 하지 마라는 가르침의 방식은 바쁜 공직 생활 탓으로 돌릴 수도 있으나, 그보다는 그가 어릴 적부터 배워 온 규범이 적용될 공간과 시대적 환경이 상실되었기 때문으로 보는 것이 옳은 것 같다. 약포의 종손으로 그가 지녔을 자부심이 현대적인 생활과 부딪치면서 그는 얼마나 많은 번민의 시간을 가졌을까?

하지만 약포의 후손이라는 의식이 강렬한 15대 종손에게 아버지를 통해 배운 법도는 인생을 살아가는 지침으로 작용한다.

우리가 돈을 버는 방법이 조금은 거짓도 있어야 되고 사심도 있어야 되거든 그래야 돈을 버는데. 요즘 그 돈 버는 사람들 다는 아니겠지만 거짓말해서 돈 번 사람도 있지, 제대로 양심대로 사는 사람이 드물다 이거예요. 근데 우리는 마음에 찔려서 못해, 그거를. 저걸 하나 집어서 이쪽에 갖다 놓으면 큰 부가 되는데, 이걸 못하는 거예요. 그라고 내꺼 있으면 남 주기 바쁘고. 지금도 내 주머니에, 나는 오늘 당장 쌀이 없는데, 내 주머니에 몇 푼 들면, 내보다 더 못한 사람 줘 버린다 말이에요, 그게 인제 평생 몸에 그 다 절어 있으니까는. 그 대신 정직하게만 살자 이런 얘기지요.

잘못하면 내 욕으로 끝나는 것이 아니라, 조상까지 욕 먹일 수 있기에 종손은 조심스럽게 살아야 하고 도덕적인 모범을 보여야 한다. 이것이 우리가 본을 따지고 가문을 형성해 온 까닭이다.

정경수는 아버지처럼 부정적으로 자녀들을 가르치기보다는 긍정적으로 말하고자 한다. 시간이 흐를수록 종가의 문화에서 더욱 멀어질 자녀들에게 자신이 배운 것들을 전하려고 노력한다.

근데 인제 내가 많이 아는 건 없는데, 할머니한테 들은 거는 기억을 하거든요. 그래서 애들한테, 그런 말귀 알아들을 정도 돼서는, 이 얘기를 늘 해 줘요. 그렇게 하고 이렇게 하거라. 내넌

이거 해서 안 된다 소리는 안 했지. 공부 안 한다고 공부해라 소리도 안 했어요.

그에게는 종가와 종가의 문화를 자녀들이 이어 주길 바라는 간절한 소망이 있다. 다행히 차종손 역시 종가에 대한 책임감이 투철하다고 한다. 그러나 역시 현대인의 생활과 종가생활에는 너무나 큰 간격이 존재하여 고민이 있다.

아주 철저하게 생각하고 있죠. 책임감은 있는데, 인제 내 주장이 너희 40대 돼서는 내려와야 될 것이라고 해요. 물론 그때 (직장에서) 쫓겨날 나이도 되긴 되겠지마는. (웃음) 요즘 제일 어려운 게 자녀교육이거든요. 교육 때문에 시골 와서 교육을 시킬 수 있는 여건이 안 되잖아요? 여기서 농사를 많이 짓는다고, 짓는 걸 보니까 아마 한 달 급료가 안 됩디다, 일 년 내내 지어 가지고도, 웬만한 가정에서는. 근데 여기 와서 어떻게 생활을 해요? 여기서 살고, 여기서 농토를 가지고 살던 사람들은 어쩔 수 없어서 하지만은, 일단 도회생활 한 사람들은 못 와요, 못 오게 돼 있어요. 자녀들 다 성공하고 성장한 뒤에 노부부들이 사는 거는 혹 모르는데, 도저히 안 돼요. 더구나 서울 사람이……

이런 어려움은 종가의 전통을 잇는 사업을 소극적인 것으로 제한시킨다. 그는 "차종손 차종부가 앞으로 봉제사 접빈객 같은 일에서 이런 면만은 꼭 지켜 나갔으면 좋겠는가?"라는 질문에 "하던 대로 해야죠, 뭐. 더는 못할 거고 하는 만큼은 해야죠. 잘 아마 해 나갈 겁니다. 나도 뭐 해 나갔는데, 내보다야 좀 낫겠지, 뭐"라고 답변하였다. 그 역시 차종손이 자신보다 나은 종가를 이끌어 주기를 바란다. 그러나 '하던 대로 해야죠'라는 답은 그의 집안뿐 아니라 대부분의 종가들이 처해 있는 처지가 어떤 것인지를 암시한다.

그의 바람은 매우 소박하다. 그가 여전히 가장 큰 책임감으로 느끼는 조상의 제사가 꼭 지켜야 할 법도대로 거행되길 바란다. 그는 살아 있는 사람들의 편의를 위해 제사 시간을 앞당긴다든지, 횟수를 줄이는 추세에 불편해 한다.

> 아직까지는 그렇게 해서는……, 그러면 만약에 인제 초저녁에 제사를 올리는 경우가 있습디다, 그죠? 그게 그 말이 안 되는 거고. 그 다음에 인제 만약에 초저녁에 올리게 되면, 제 생각에는 다음 날 파재일 날…… 파재일 날 올리면 그건 뭐 돌아가신 날이니까. 근데 요새 그거도 아니고 날 정해 가지고 그냥 하는 경우도 있습디다만, 하루에 뭐 조상 몇 분 그저 한꺼번에 뭐 그런 경우도 있고, 그건 못할 경우고. 제사 안 지내는 게 낫지.

파재일 초저녁에 제사 지내는 것은 어떤가라는 물음에도 단호하게 거부한다.

> 저는 안 돼요. 제가 있는 동안은 그거는 인정을 할 수 없고, 혹은 뭐 앞으로는 어떻게 될지 알아요, 우리 죽은 뒤에는 어떻게 될지 알 수도 없는 노릇이고…… 그러나 전통이 있는 가문에서야 어디 그럴 리가 있겠습니까.

그는 양위를 합설해서 한 번만 제사 지내는 것에 대해서도 부정적이었다. "합설을 해도 두 번을 다 모셔야지, 한 번만 모시려 그러면 안 되잖아요.…… 아직 저는 뭐 그럴 생각 없습니다"라는 것이 그의 대답이었다.

종가의 위상과 문화는 위기에 처해 있다. 시간의 흐름도 빨라지고 있는 추세에 종가도 변화에 적응을 해야 될 부분이 있고, 아니면 그런 변화를 거슬러서라도 지켜 나가야 될 부분이 있다고 생각된다. 그렇다면 약포의 종손 또한 지켜야 할 것과 변화해 나가야 할 것이 있을 것이다. 그러나 여기에 대해 누가 자신 있게 답할 수 있을까?

> 뭐 이러자 저러자 생각도 없습니다, 거 생각할 여유도 없고. 고칠 게 있어야 더 고치고, 뭐 줄일 게 있어야 더 줄이고 앞으로

더 해 나갈 게 있어야죠, 그냥 있는 대로 그대로 해 나갈래요, 나는…….

그러나 그인들 종가를 지키는 사람으로서 세상의 변화에 아쉬움이 없을 리 없다.

3. 지키고 싶은 것들

종가를 지키는 종손답게 그가 가장 안타까워하는 것은 가정이 붕괴되어 가는 현상이었다. 종가의 권위가 붕괴된다는 것이 다름 아닌 가정의 붕괴임을 그는 느끼고 있었다.

요즘 세상이 변해도 하루에, 자 거 왜 서구에서는 2~300년간 해 오던 걸 우린 5~60년에 해치웠는데, 우리는 그것을 겪어 왔잖아요. 제일 큰 문제가 지금 거기서 나오는 거거든요. 하나씩 하나씩 고쳐 나가고 이어 나가고 해야 되는데, 이 과정 없이 훌떡 뛰어나가서 남들 겉만 따라 하려고 그러니까. 그 안에 전부 단절 다 됐잖아요. 이제 우리나라 제도가 소가족제도 아닙니까? 우리가 대가족제도 때에는 당대가 한 집안에 살았으니까, 당내간 아닙니까? 그래서 배우고 또 배우고 해서 또 가르치고 또 가르치고 했는데, 단절된 게 5 · 16 나고 빨리 가자 하다가 보니까는 새로운 세대가 나가서 살았단 말이에요. 객지로. 나가서 살면서 자기네들끼리의 문화가 이루어지고, 거기에 아이 하나둘을 낳고. 바쁘다 보니까 자녀들한테 알려 준 게 하나도 없단 말이에요, 문화가 단절이 됐어, 여기서부터.

가정의 붕괴는 교육의 붕괴이다. 어린 시절부터 법도가 없는 가정에서 자라 부모가 된 세대들은 그들의 자녀들에게 가르쳐 줄 것이 없다. 가정이 전통적으로 담당하던 다양한 기능이 사회 기관으로 이전되어 가는 가운데, 교육 기능마저 학교로, 학원으로 옮겨 간다. 가정은 사람답게 사는 법을 전수해 오던 기능을 버리고, 경제적 기능으로 그 역할을 한정한다.

근데 이 사람들은 뭘 가지고 하냐 하면, 자 너 돈 가지고 나가서 뭐 사 먹고 놀아. 돈으로 인제 세상을 배우는 거예요. 얘가 자라서 부모가 되요. 그런데 엄마한테 못 듣고 할배한테 못 듣고, 지는 들은 기 없으니까는 또 돈 가지고 해결하는 거예요. 그래서 그 압구정 아이들 사태가 나오는 거거든요, 내가 거기서 살았는데, 애들 유치원부터 수준을 구분하지요. 넌 몇 동 사니 그러면 몇 동은 몇 평짜리인가가 나와 있으니까. 그러면 야는 하급이라, 거기서부터 따돌림을 당해요, 기가 막힌 일이지요. 문방구에 십만 원짜리 고액 수표를 들고 뭘 사러 왔어. 그 주인이 수표 뒷면에 이서된 것을 보고 집으로 전화를 했어요. 애기가 십만 원짜리를 가져왔는데 어떻게 해야 되겠느냐고 그랬더니, 너는 돈 받고 거슬러 주면 될 거 아니야, 이게 바로 요즘 부모들이예요.

그가 애타하는 것이 요즘 말하는 인성교육이다. 부모가 그의 부모로부터 배운 것이 없으니 아이들에게 인성교육을 시킬 수 없고, 교사도 자기 부모에게 배운 것이 없으니 학생들에게 인성교육을 시킬 수 없다는 것이다. 그는 말한다. “제일 먼저 가정교육이 제일 첫째고, 그러고 나서 학교교육이고, 나가서 사회교육 아닙니까? 이 3대 교육, 3단계를 거쳐야 되는데, 그래야 내가 부모가 돼서 자녀들한테 가르쳐 줄 게 있는데, 이게 전혀 없는 세상이 됐으니…… ”

조상의 제사는 시간의식을 확장해 감으로써 동시대 같은 공간에 사는 사람들의 관계를 이끌어 내는 전통이다. 숭조의식은 개별적인 자아를 가문적인 자아로 확대함으로써 그만큼 신중하고 사람답게 살아가도록 강제한다. 그러나 서구에서 발원한 개인주의가 전래된 후 사적인 자유, 사적인 공간의 확보가 보다 큰 가치를 지니게 된다. 전통의 힘은 과거의 조상과 현재의 후손(종가)을 잇는 시간적 연대를 근근이 존속시키고 있지만, 그것을 매개로 한 현재의 공간적 연대를 이끌어 가기에는 힘이 부족하다. 권위는 없고 책임만 있는 종손이 지탱해야 할 제사의식은 나머지 사람들에게 거추장스러운 과거의 유물이 되고 있다. 그런 만큼 가정은 무너지고 사회적 관계도 축소될 뿐만 아니라, 사람과 사람의 관계도 포악해진다. 그가 숭조사상이 이 시대에도 필요하다고 여기는 까닭, 그리고 제사를 정성들여 지내는 이유가 여기에 있다.

참고문헌

『고려사』.
『국역 조선왕조실록』, 서울시스템 주식회사, 1997.

노사신 편저, 『동국여지승람』, 명문당, 1981.
도정서원, 『도정서원지』, 2007.
예천군지편찬위원회, 『예천군지』 상 · 중 · 하, 예천군, 2005.
예천향교, 『예천향교지』, 2004.
이상정, 『대산집』, 한국문집총간본, 1999.
이중환, 이익성 옮김, 『택리지』, 을유문화사, 1991.
정 옥, 『우천집』, 국립중앙도서관 DB.
정 탁, 『약포선생문집』, 한국역대문집총서, 경인문화사, 1993.
______, 『용사잡록』, 국사편찬위원회, 1994.
______, 이위응 역주, 『약포 용사일기』, 부산대학교 한일문화연구소, 1962.
정 포, 『설곡집』, 한국문집총간본, 1988.
정필규, 『노암선생문집』, 국립중앙도서관 DB.
채제공, 『번암집』, 한국문집총간본, 2001.
청주정씨대동보간행위원회, 『청주정씨대동보』, 2002.
한국고전번역원, 한국고전종합DB.
한국국학진흥원, 유교넷.

김학수, 『낙중 지역 강안학을 열다, 성주 한강 종가』, 예문서원, 2011.
박근노, 『예천이 낳은 조선의 명재상 약포 정탁』, 한빛, 2008.
안동대학교 안동문화연구소, 『예천 금당실 · 맛질 마을』, 예문서원, 2004.
이수건, 『영남학파의 형성과 전개』, 일조각, 1998.
정경수, 『조선의 명재상 약포 정탁』, 청주정씨 예천종친회, 2011.
정우락, 『영남의 큰집, 안동 퇴계 이황 종가』, 예문서원, 2011.

김낙진, 「약포 정탁의 정주학 수용 양상」, 『남명학연구』 제24집, 경상대학교 남명학연구소, 2007.
김병륜, 「한국의 병서 용사잡록」, 국방일보, 2010.7.21.
설석규, 「壁立千仞에서 관용의 이치를 터득한 정승-藥圃 鄭琢」, 『선비문화』 제9집, 남명학연구원, 2006.
여운필, 「藥圃 鄭琢의 삶과 詩世界」, 『韓國漢詩作家硏究』 제6집, 한국한시학회, 2001.
이강민, 「중국 건축의 규범과 한국 건축의 적응」, 최준식 외 8인 공저, 『한국문화는 중국문화의 아류인가?』, 소나무, 2010.
이상필, 「壬亂時 在朝 南冥 문인의 활동」, 『남명학연구』 제2집, 1992.